THÉODORE BARRIÈRE

LES

# BREBIS GALEUSES

COMÉDIE EN QUATRE ACTES, EN PROSE

PARIS
MICHEL LÉVY FRÈRES, LIBRAIRES ÉDITEURS
RUE VIVIENNE, 2 BIS, ET BOULEVARD DES ITALIENS, 15
A LA LIBRAIRIE NOUVELLE

MDCCCLXVII

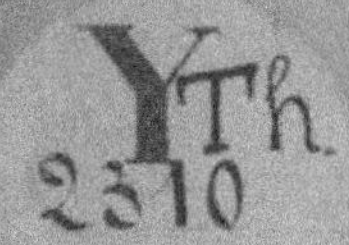

LES

# BREBIS GALEUSES

COMÉDIE

Représentée pour la première fois à Paris, sur le théâtre du VAUDEVILLE, le 27 février 1867.

Imp. L. TOINON et Cᵉ, à Saint-Germain.

LES

# BREBIS GALEUSES

COMÉDIE EN QUATRE ACTES

PAR

THÉODORE BARRIÈRE

PARIS
MICHEL LÉVY FRÈRES, LIBRAIRES ÉDITEURS
RUE VIVIENNE, 2 BIS, ET BOULEVARD DES ITALIENS, 15,
A LA LIBRAIRIE NOUVELLE

1867

## PERSONNAGES

| | |
|---|---|
| ROBERT PRÉAULT........................ | MM. Félix. |
| BUZANÇOIS, ancien notaire................ | Delannoy. |
| LE COMTE GEORGES DE TOURNY.... | Munié. |
| JULES ROZIÈRES........................ | G. Bloum. |
| HENRI GÉRARD.......................... | Delessart. |
| TINGREY................................. | Colson. |
| PIERRE.................................. | Rebel. |
| GERMAIN................................. | Grivot. |
| Premier Domestique.................... | Royer. |
| Deuxième Domestique.................. | Radet. |
| DIANE DE TOURNY.................... | Mmes Doche. |
| BLANCHE TINGREY..................... | Page. |
| ROSE MICHELIN........................ | Bianca. |
| MARIE BERNIER........................ | F. Cellier. |
| CLAUDETTE............................. | L. Grivot. |
| JULIETTE............................... | Héléna. |

Les indications sont prises de la gauche du spectateur.

Pour la mise en scène exacte et détaillée, s'adresser à M. Léon Ricquier, régisseur général du théâtre du Vaudeville.

LES

# BREBIS GALEUSES

## ACTE PREMIER

**Côtes de Normandie**

Le rez-de-chaussée d'un cottage dans un village de pêcheurs. A droite, troisième plan, porte-fenêtre en pan coupé donnant sur la mer. — A gauche, au troisième plan, et en pan coupé, porte ouvrant sur la route. — Au deuxième plan, à droite, un escalier en bois conduisant à des chambres; sous la cage de l'escalier, une porte basse conduisant aux cuisines et à la cave. — A gauche, au premier plan, grande cheminée — Entre la cheminée et la porte donnant sur la route, un buffet chargé de vaisselle. — Entre le buffet et la cheminée, et suspendus au mur, des fusils, des filets, une vareuse et un chapeau de paille. — Devant la cheminée, une table et des chaises. — A droite, un piano avec glace au-dessus. — Ameublement gai et rustique.

### SCÈNE PREMIÈRE

CLAUDETTE, puis ROBERT.

CLAUDETTE, chantonnant un noël. — Elle est près du buffet à gauche; elle prend des assiettes, des verres, etc., et met deux couverts sur la table, premier plan, à gauche.

M'épousera Jean à Pâques fleuries,
M'épousera Jean dans le mois de mai.

Nous inviterons les fleurs des prairies ;
J'en cueille une gerbe à mon bien-aimé.
Poussez, clochettes
Et fleurettes,
Poussez, fleurettes!
Pour le bien-aimé!

Lorque le retour de nos hirondelles
Nous annoncera le doux mois de mai,
Je ferai de mousse et de fleurs nouvelles,
A la sainte Vierge un nid parfumé.
Poussez, clochettes, etc.

ROBERT, en dehors.

Claudette!

CLAUDETTE, allant à la fenêtre.

Monsieur?

ROBERT, de même.

Sers vite le déjeuner...

CLAUDETTE, à la fenêtre.

Il est prêt, monsieur.

ROBERT de même.

Pierre, pousse le bachot sur le galet.

PIERRE, de même.

Oui, monsieur.

ROBERT, de même.

Pousse donc!... Encore... Bien!... Amarre-le.

PIERRE, de même.

Bon, m'sieur...

CLAUDETTE.

Hé! monsieur Jules! v'là vot' oncle qui revient de la pêche... On va déjeuner... Hé! monsieur Jules!

Robert entre par la droite, jette ses filets dans le fond du théâtre, et suspend son fusil au mur. — Toilette renouvelée d'Alphonse Karr, à Sainte-Adresse. — Robert vient du fond et va droit à la cheminée. — Claudette est en scène, essuyant une assiette.

ROBERT, appelant.

Claudette!

CLAUDETTE.

Tout de suite.

ROBERT, entrant par le fond à droite *.

Je meurs de faim ; l'omelette!

CLAUDETTE.

Monsieur a-t-il fait une bonne pêche?

ROBERT.

Une pêche miraculeuse! J'ai tué un phoque! Seulement, il y a là-haut trois ou quatre nuages de mauvaise humeur. Mon bateau commençait à danser gentiment... Un joli petit orage qui se mitonne, Claudette!

CLAUDETTE, regardant.

Oh! pas pour aujourd'hui, monsieur... Peut-être ben nous aurons un brin de tonnerre, da! mais la tempête sera pour demain.

ROBERT.

A quoi vois-tu ça, toi?

CLAUDETTE.

Les nuages sont trop haut, et le vent vient de terre; ça va moutonner, moutonner! mais, demain, il y aura de la lame, allez, monsieur, et forte, que je dis**!...

ROBERT.

Et il y a des savants à l'Observatoire qui auraient demandé huit jours pour vous répondre cela. Eh bien, le gouvernement devrait les leur donner, leurs huit jours, et les renvoyer; on aurait Claudette pour vingt francs par mois, et, de plus, elle fait des omelettes. Quelle économie pour le budget!... (Criant.) L'omelette demandée!

Une des portes en haut de l'escalier s'ouvre et Jules paraît. Il est en vareuse

* Robert, Claudette.
** Claudette, Robert.

et coiffé d'un chapeau de paille, mais on sent que le chapeau de paille sort de chez Pinaud et la vareuse de chez Dusautoy. — Un lorgnon trahit le gandin. — Il descend lentement l'escalier, en proie à de sombres réflexions.

CLAUDETTE.

J'y vas, monsieur.

Elle sort.

## SCÈNE II

### ROBERT, JULES.

Jules, sans parler, est arrivé près du piano. Il feuillette des albums de musique.

ROBERT*.

Dieu me pardonne, je suis trempé !...

Il jette du bois dans la cheminée.

JULES, chantant.

« Ainsi, toujours poussés vers de nouveaux rivages,
Dans la nuit éternelle emportés sans retour... »

ROBERT, se retournant.

Dieux puissants! C'est mon neveu, Jules Rozières, qui chante *le Lac*...

JULES, continuant.

« Ne pourrons-nous jamais sur l'océan des âges,
Ne pourrons-nous jamais
Jeter l'ancre un seul jour ! »

ROBERT.

Qu'est-ce que M. de Lamartine lui a donc fait? (Appelant.) Jules!...

JULES.

Mon oncle ?...

* Robert, Jules.

ROBERT.

Tu n'as aucune disposition pour la musique.

JULES.

Je le sais bien. Je chante pour vous ennuyer; je m'ennuie, moi, et ça m'ennuie de m'ennuyer tout seul.

ROBERT.

Bien obligé!

Il se verse un verre de vin.

JULES.

Elle aimait cet air-là!...

ROBERT.

Ah! bon! Est-ce que tu vas encore me parler de mademoiselle Hélène Potichon?

JULES.

De quoi voulez-vous que je vous parle*?...

ROBERT.

C'est juste, ta conversation est limitée.

JULES.

Si vous croyez que je m'amuse chez vous!

ROBERT.

Si tu crois que tu m'amuses chez moi!

JULES.

Il n'y a que vous pour habiter des criques pareilles; il n'y avait qu'un trou inhabitable sur la côte normande, vous vous en êtes fait le Christophe Colomb!

ROBERT.

Et je m'en flatte... J'habitais d'abord un pays neuf, il n'y avait qu'une seule maison, la mienne, ça m'allait... Aujourd'hui, il y en a deux, j'habite ici...

* Jules, Robert.

JULES.

Eh bien, je m'ennuie ici.

ROBERT.

Eh bien, va-t'en!...

JULES*.

Si vous voulez que je m'en aille, donnez-moi de l'argent. (Avec sentiment.) Et encore, où irais-je?...

ROBERT.

Va chez le père Potichon, va chez tes parents.

JULES.

Avec ça qu'ils sont gentils, mes parents. Ils m'ont interdit... Pourquoi?... Je vous le demande. Enfin, voyons, pourquoi?

ROBERT.

Parce que, n'ayant que vingt-cinq mille livres de rente, tu as dépensé deux cent mille francs en dix-huit mois; que mademoiselle Hélène Potichon est un gouffre, toi un niais, et qu'il y a des juges à Berlin.

JULES.

Ils auraient bien dû y rester, à Berlin, les juges!

ROBERT.

Ils auront profité des chemins de fer. En vingt-cinq heures, ils sont à la disposition des familles.

JULES**.

Et mon avocat, en voilà un croûton! A-t-il mal plaidé, ce cuistre-là. J'avais envie de lui jeter mon chapeau à la tête...

ROBERT.

Ça aurait bien fait. (Il déplie sa serviette et crie.) L'omelette!

JULES.

Il allait comme une tortue; alors, j'ai pris la parole, moi; je leur ai parlé, aux juges!

*Robert, Jules.
** Jules, Robert.

ROBERT.

Ah! bah! Qu'est-ce que tu leur as dit ?

JULES.

« Messieurs, vous avez eu vingt ans comme moi; vous avez eu des maîtresses, vous leur avez donné de l'argent; eh bien, moi, j'aime Hélène Potichon... C'est une personne légère, tout ce que vous voudrez, mais elle est au-dessus des filles de sa condition ;... elle est très-musicienne, elle a énormément de cœur... un peu d'orthographe!... Enfin elle me plaît... Si ça m'amuse, de manger ma fortune, ça ne vous regarde pas. Je suis orphelin, j'ai hérité, je suis libre. Mes grands-parents sont des idiots et des faux bonshommes, voilà! »

ROBERT.

Tu as dit cela aux juges?

JULES.

Avec ça que j'allais me gêner!

ROBERT.

Ça a dû faire un joli effet à l'audience.

JULES.

Ils m'ont interdit tout de suite.

ROBERT.

Parbleu!

JULES.

Et ils riaient! Des juges qui rient, n'est-ce pas de la dernière inconvenance!... Voulez-vous que je vous dise, il n'y a pas de justice sur terre.

CLAUDETTE, rentrant.

Voilà l'omelette!

ROBERT.

Allons, allons, déjeunons!

## SCÈNE III

LES MÊMES, HENRI, PIERRE, puis GÉRARD.

PIERRE, à la cantonade.

Par ici, monsieur, par ici.

ROBERT.

Qu'est-ce ?

PIERRE, entrant *.

Un monsieur qui descend de cheval et qui vous cherche. Tenez, le v'là...

Henri paraît.

HENRI, s'élançant **.

Robert!...

ROBERT.

Henri, c'est toi! je te croyais à Paris?

HENRI.

A Paris, quand elle est ici?

ROBERT, étonné.

Qui ça?

HENRI.

Celle que j'aime, que j'adore!... Elle me repousse, mais je n'ai plus la force de l'oublier... Je ne puis plus vivre où n'est pas son parfum, loin de son regard, loin de son sourire ou de sa colère, loin des plis de sa robe. Oh! ne ris pas, Robert, je t'en prie! (A Jules.) Pourquoi riez-vous, monsieur? Je vous tuerai! Ah! je deviens fou! Je souffre! Sauve-moi, mon Robert, sauve-moi!...

* Jules, Robert, Pierre.
** Jules, Henri, Robert.

ROBERT.

Tiens, voici ta chambre...

HENRI.

J'ai la fièvre, vois-tu, pardonne-moi.

ROBERT.

Déjeuneras-tu?

HENRI.

Déjeuner?... Ah! je me brûlerais plutôt la cervelle.

Il entre dans sa chambre et disparaît.

ROBERT*.

Ah çà! c'est une épidémie!... Mon cottage devient un colombier... Claudette, un couvert de plus!

CLAUDETTE.

Oui, monsieur...

JULES.

Oh! vous, parce que vous n'avez pas de cœur, vous vous imaginez que l'univers vous ressemble; perdez cette illusion, mon oncle... L'amour, voyez-vous, c'est la vie! ça tient lieu de tout.

ROBERT.

Vertu-Dieu! c'est donc pour cela que je meurs de faim... Mais c'est l'omelette fantastique... (Se servant.) Tant pis...

Henri reparaît en haut de l'escalier.

JULES, bas**.

Voilà ce jeune homme.

ROBERT.

Henri, mon cher enfant, assieds-toi et déjeune... Je panserai ta blessure au dessert.

HENRI***.

Oh! je n'ai pas faim!

Il s'assied.

* Jules, Claudette, Robert.

** Jules, Claudette, Robert, Henri.

*** Henri, Jules, Robert.

ROBERT.

Jules, je te présente M. Henri Gérard, un garçon d'esprit. Henri, je te présente mon neveu, Jules Rozières, un imbécile !

JULES.

Ah ! mon oncle !

ROBERT.

J'ai eu tort de le dire ; il s'en serait bien aperçu tout à l'heure. J'aurais dû lui laisser la surprise.

JULES, vexé.

Ah ! mon oncle, vous vous moquez toujours de moi... Je n'aime pas ça.

ROBERT.

C'est trop fort ! Mais, si on ne peut pas se moquer de toi, tu n'as plus de raison d'être.

JULES.

Oh !

HENRI, à Jules.

Monsieur, je vous prie d'excuser ma brusque entrée de tout à l'heure, mon désordre et mes paroles...

JULES.

Oh ! monsieur, je vous comprends si bien !...

ROBERT, mangeant.

Mon cher Henri, tu vois en mon neveu, Jules Rozières, une âme d'élite arrêtée dans ses aspirations vers l'idéal par un tribunal goguenard. Il est fort malheureux !

JULES, mangeant.

Oh ! oui.

HENRI, le regardant manger.

Ah !

ROBERT, découpant un jambon.

Ses malheurs exceptionnels l'ont fait surnommer le Lépreux de la cité d'Aost de 1865.

HENRI, à Jules.

Vous avez bon appétit, monsieur.

JULES, avec mépris.

Parbleu ! l'air de la mer !

ROBERT.

Il nourrit sa douleur, et elle mange !

JULES.

Monsieur, ils m'ont interdit en première instance ; mais je suis en appel, et je gagnerai. J'attends des nouvelles de Paris.

ROBERT, à Henri.

Ah çà ! et toi? Tu peux parler devant mon neveu, il ne comprendra pas.

HENRI.

Que te dirai-je ? Tu sais bien comment l'amour nous mord. On est invité à un bal, on hésite : « Irai-je?... » On y va, on s'y ennuie. On se dit : « Ouf! j'en ai assez... Allons-nous-en ! » On prend son chapeau; mais, en sortant, on marche sur une robe qui entre ; on s'excuse, la robe vous regarde... et c'est un regard qui vous cloue sur place, c'est un éblouissement de jeunesse qui vous grise. On se dit : « Parbleu ! il serait de bien mauvais goût de ne point faire faire un tour de valse à cette pauvre robe mutilée, déchirée par moi... Justement, voici la valse de *Faust*... » On reste... on est perdu, Robert ! car le bras enlace cette taille, la main presse ce gant, les yeux boivent ce sourire... et la valse tourbillonne toujours... Et, quand enfin on demande à la maitresse de la maison : « Quelle est donc cette jeune dame ?... » quand elle vous répond : « Vous ne la connaissez pas?... C'est madame Bernier, un petit ange que son mari a abandonnée il y a six mois, pour une danseuse de la Scala de Milan... Elle part ce matin pour un long voyage; elle va je ne sais où ! » alors, Robert, on sort comme un insensé, on court sans but, au hasard, par les rues, dans la nuit; on cherche l'ange dans les étoiles, on se maudit d'être venu trop tard, et l'on pleure comme un enfant!

ROBERT.

Diable!... Mais, enfin, tu as retrouvé l'ange?

HENRI.

Oui ; trois mois après, par hasard, à la Madeleine. — Ah! depuis ce jour-là, quand l'église était encore déserte, que de fois je l'ai attendue, caché derrière un pilier! Elle priait et je m'enivrais d'elle, mais je n'osais lui parler. Que de fois elle a passé près de moi sans m'apercevoir!

ROBERT.

Elle te prenait pour le bedeau.

HENRI.

Un jour, n'y tenant plus, j'eus la hardiesse de me présenter chez elle... Ce que je lui dis, je ne m'en souviens pas...

ROBERT.

Oh! je m'en souviens, moi : c'est toujours la même chose.

HENRI.

C'était de la folie! du délire!... Sa voix si douce me parlait de devoir, de résignation, de respect... et je baisais ses mains, et je jurais de la respecter... de me résigner... mais j'avais un espoir... car il me semblait qu'elle était émue. (Avec colère.) Imbécile! Le lendemain, elle était partie! Enfin, le hasard m'a amené à Trouville! Je l'ai revue, et mon amour s'est brisé contre la glace de son regard. J'ai compris qu'elle me dédaignait, et alors j'ai perdu la tête. — J'ai couru me réfugier à Houlgate, dans un chalet qu'on venait de me vendre, et, là, j'ai voulu me tuer... puis j'ai voulu partir, et j'ai loué alors une chaise de poste, des chevaux, car je ne voulais pas me trouver en face d'une figure humaine... Mon postillon m'attend toujours.

ROBERT.

En selle?

HENRI, sans l'écouter.

Mais j'ai changé d'idée : je me suis souvenu de toi ; je me suis dit : « Il me comprendra, il me plaindra ! Nous ferons de la misanthropie ensemble !... » Et je suis venu. (Allant à la fenêtre.) Tiens, Trouville *, c'est cette ligne blanche... là-bas !... vois-tu?... Elle est là. (Tendant les bras.) Elle est là !

ROBERT, sérieux.

Ah ! tu es mordu ! Il faut cicatriser tout de suite.

HENRI, passant rapidement son mouchoir sur ses yeux.

Tu me trouves absurde, n'est-ce pas?...

ROBERT.

Oui, — mais c'est égal. (Lui serrant la main.) Je vais faire mettre les fers au feu.

JULES, qui n'a pas perdu une bouchée **.

Monsieur Gérard, il y a entre nos deux situations une similitude assez bizarre. Moi aussi, j'ai connu Hélène dans un bal. — C'était chez Laborde ; elle était coiffée à l'Empire et portait une robe de velours cerise. Il m'a été impossible de rentrer chez moi... J'avais une fièvre !... Je suis allé souper au *Café Anglais*, et je me suis grisé !... Nous sommes faits pour nous comprendre.

ROBERT.

Tais-toi ! (Voyant entrer Buzançois.) Voici du monde.

* Jules, Robert, Henri.
** Robert, Jules, Henri.

## SCÈNE IV

LES MÊMES, BUZANÇOIS *.

BUZANÇOIS.

M. Robert Préault?...

ROBERT.

C'est moi, monsieur. A qui ai-je l'honneur de parler?

BUZANÇOIS.

Buzançois, ancien notaire de Paris. Je vous prie, monsieur, d'excuser cette visite intéressée, mais...

ROBERT.

Asseyez-vous donc, de grâce!

BUZANÇOIS.

Oh! je ne suis pas fatigué, je suis venu de Trouville en carriole. Voici le fait, messieurs... Vous n'êtes pas sans avoir entendu parler de l'affreux malheur qui, tout récemment, a jeté la consternation dans ce pays... Quatre pêcheurs ont été assaillis en mer par une forte bourrasque et la barque a sombré. La situation des veuves et des orphelins ayant vivement impressionné nos charmantes baigneuses, elles ont organisé, au profit de ces malheureux, dans la demeure de l'une d'elles, au bout de la plage de Trouville, un bal qui sera splendide.

ROBERT.

C'est parfait. Allons, messieurs!... quatre familles sont dans le désespoir... Invitez vos dames!

BUZANÇOIS.

Les billets sont à deux louis.

* Robert, Buzançois, Jules, Henri ; Claudette, au fond, à gauche.

ROBERT, faisant la collecte.

Voilà six louis, monsieur...

BUZANÇOIS.

Très-reconnaissant !...

ROBERT, voyant entrer Claudette.

Ah ! le café !... vous en prendrez bien une tasse avec nous, monsieur Buzançois ?

BUZANÇOIS.

Mon Dieu, c'est que je dois aller à Houlgate et à Beuzeval. Ces dames ont bien voulu me charger du placement des billets... et c'est une terrible besogne.

ROBERT.

Bah ! cinq minutes... Quatre tasses, Claudette.

CLAUDETTE *.

Oui, monsieur.

BUZANÇOIS.

Ce bal nous donne à tous bien du mal... à nos dames surtout... Vous comprenez... C'est demain que nous dansons. Il a fallu faire venir de Paris les plus grandes prêtresses de la mode, les couturières les plus illustres. On se les dispute à prix d'or... Je sais une de nos plus grandes dames, messieurs, qui, en ce moment... (avec attendrissement), travaille à sa robe, elle-même et de ses propres doigts. Leur zèle, leur dévouement au malheur, excitent une admiration !... Madame de Preuil a déjà plus de soixante invitations, sans compter les valses et le cotillon... et elle était réellement souffrante ce matin !...

ROBERT, avec intérêt.

Elle saura faire taire sa douleur.

BUZANÇOIS.

Nous l'espérons tous. Elle a une coiffure !... au milieu des

* Robert, Jules, Buzançois, Henri ; Claudette, au fond, à gauche.

fleurs naturelles, des diamants jetés çà et là comme des gouttes de rosée...

JULES, à part.

La coiffure d'Hélène !

BUZANÇOIS.

Elle l'a essayée hier au soir... C'est d'un effet !...

ROBERT.

A-t-on invité les veuves ?...

BUZANÇOIS.

Oh ! monsieur !

JULES.

J'attendais ce mot-là... Vous êtes content. (A Buzançois.) Monsieur, ne soyez pas indigné ; mon oncle ne croit pas aux femmes.

ROBERT.

Je n'y crois plus.

BUZANÇOIS.

Je vous plains, monsieur, et j'aime à penser que M. Gérard, que j'ai eu l'honneur de voir sur la plage, ne partage point votre sentiment, et qu'il croit, lui, aux honnêtes femmes...

HENRI, saluant légèrement.

Monsieur ! (A part.) Pourquoi ce monsieur me dit-il cela ?...

BUZANÇOIS, sa demi-tasse à la main.

Les femmes sont des anges !

ROBERT, offrant le sucrier.

Beaucoup de sucre, monsieur...?

Il cherche le nom.

BUZANÇOIS, soufflant le nom et s'inclinant en manière de remerciment.

Buzançois !... Monsieur, les femmes !... Voyons, sans aller bien loin, est-ce que Jeanne Darc n'a pas sauvé la France ?

ROBERT, allumant un cigare.

Si fait !

BUZANÇOIS, souriant.

Je vous sais gré d'en convenir.

ROBERT.

Mais Jeanne Darc, c'était une paysanne, comme Claudette...

CLAUDETTE, qui range au fond.

Monsieur ?

ROBERT.

Rien... Tandis que nos Parisiennes,... elles sont si occupées!... elles reçoivent tant l'hiver ! elles voyagent tant l'été ! que, ma foi, si Charles VII venait leur dire : « Faites-moi donc sacrer à Reims, voulez-vous ?... » elles lui répondraient : « Mon brave homme, à Bade, tant que vous voudrez, mais à Reims, jamais!... » (Riant.) Que voulez-vous, monsieur Buzançois ! le tourbillon les emporte si vite et si loin !... qu'elles n'ont le temps de rien, pas même d'aimer...

BUZANÇOIS, avec intention, à Gérard.

Elles n'ont pas le temps d'aimer, quand l'amour que l'on a pour elles est coupable, et alors,... elles ôtent toute espérance à l'audacieux qui...

HENRI.

Mais, monsieur...

BUZANÇOIS.

Pardon !... nous causons, M. Préault et moi.

HENRI, à part.

Il me déplaît, le notaire.

Il va s'asseoir près de la fenêtre et regarde au loin.

BUZANÇOIS.

Je soutiens, moi, que ces natures frêles et délicates sont capables de l'amour le plus absolu ! le plus dévoué !...

ROBERT, raillant.

Oui, oui, il y en a... J'en ai connu.

BUZANÇOIS.

Ah !

ROBERT *.

Ainsi, tenez, en 1853, à dix lieues de Naples, j'ai été fait prisonnier par les brigands. J'ai passé six mois avec eux, dans la plus douce intimité. Ils sont presque tous mariés et pères de famille... Eh bien, savez-vous ce que font les femmes ? Quand leur mari est tué, elles font le coup de fusil avec les gendarmes... Voilà ce que j'appelle des femmes dévouées ! Il faut dire aussi que l'on ne trouve de ces femmes-là que dans la patrie du Vésuve.

BUZANÇOIS, choqué.

Permettez, monsieur, je vous prie de remarquer que nos mœurs sont différentes; en France, une dame qui, pour prouver son amour à son mari, tirerait sur les gendarmes, serait assurément fort mal vue dans le monde.

Il rit de son mot.

JULES.

Bloqué, mon oncle! (A Buzançois.) Pas mal cela, pour un notaire !

BUZANÇOIS.

Oh ! je suis retiré... (Jules salue.) Monsieur, vous avez beau dire, à de rares exceptions près, toutes les femmes sont...

ROBERT.

Des anges ?...

BUZANÇOIS, saluant.

Des anges... oui ; et, si parfois elles succombent, c'est notre faute, à nous qui les enivrons de nos paroles.

ROBERT, très-sérieux.

Pourquoi les enivrez-vous ?

* Jules, Robert, Buzançois, Henri.

BUZANÇOIS.

Je les enivre pas, c'est une manière de parler. (Reprenant.) C'est votre faute à vous, si vous aimez mieux...

ROBERT.

A moi? Oh! du tout. Je suis retiré aussi.

BUZANÇOIS, à Jules

Alors, c'est la vôtre, à vous qui ouvrez sous leurs pas les profondeurs de l'abime!

JULES, avec fatuité.

Parbleu!

ROBERT.

Allons donc! Les femmes se perdent bien plutôt entre elles. J'en connais, moi, qui ne pardonnent pas à la sagesse qui résiste, à la vertu qui lutte, au cœur qui marche droit... C'est une femme qui les a perdues, elles perdront les autres. Elles sont bien tombées, elles; pourquoi les autres ne tomberaient-elles pas?

BUZANÇOIS, scandalisé.

Monsieur Préault!... ce langage...

ROBERT.

Je suis payé pour le tenir;... car, à vingt ans, j'ai aimé, bien aimé... et celle que j'aimais a été perdue, et perdue par une femme... Et, depuis ce temps-là, si j'ai jeté ma vie par les chemins et ma fortune par les fenêtres, si je suis seul aujourd'hui sur la terre, comme Robinson dans son île, avec mon neveu pour perroquet,... c'est bien aux brebis galeuses que je le dois, pardieu!...

JULES.

Comment! vous avez aimé, vous?

ROBERT.

Autant que toi, misérable!

BUZANÇOIS, tirant sa montre.

Ah! mon Dieu!... une heure et demie!.., il faut que je sois de retour à Trouville à six heures, pour rendre mes comptes aux dames patronnesses, et j'ai trois lieues à faire!...

JULES.

La route est admirable.

BUZANÇOIS *.

C'est vrai; et j'ai par bonheur un petit trotteur excellent. Sans adieu, messieurs!

Henri et Jules saluent Buzançois.

ROBERT.

Monsieur Buzançois, j'ai l'honneur de vous saluer...

BUZANÇOIS, à part.

C'est un original, mais il n'est pas méchant.

(Il sort.)

## SCÈNE V

### ROBERT, HENRI, JULES **.

JULES.

Il a l'air bon enfant, ce notaire-là... C'est mon notaire, à moi, qui est un joli crétin!

ROBERT.

Henri, ne regarde plus du côté de Trouville.

Musique de scène.

HENRI.

Bah! je regarde les nuages... Vois comme ils descendent.

Coup de tonnerre.

JULES.

Allons, bon! il va pleuvoir, je ne pourrai même pas prendre mon bain.

* Jules, Buzançois, Robert, Henri.

** Jules, Robert, Henri; Claudette, au fond.

ROBERT.

Est-ce que mon astronome ordinaire serait en défaut?

Les coups de tonnerre se succèdent.

HENRI.

Ah! vive l'orage!... (Ouvrant la fenêtre toute grande.) On a de l'air au moins. Voilà la pluie.

ROBERT *.

De grosses gouttes! décidément, Claudette, tu n'y entends rien, et monsieur...

Il cherche le nom.

CLAUDETTE, lui soufflant.

Buzançois.

ROBERT.

Merci... Oui, M. Buzançois sera trempé.

CLAUDETTE.

Oh! monsieur, c'est un grain, voilà tout.

JULES, qui se trouve au fond, près de la fenêtre.

Ah! dites donc! une cavalcade qui monte la côte... Oh! ce sont des femmes chic!... Elles sont quatre **.

HENRI, qui est allé voir, avec un cri.

Mon Dieu!

ROBERT.

Qu'as-tu donc?

HENRI.

Celle qui marche en avant, c'est elle, mon ami, madame Bernier!

ROBERT.

Ah bah! Et qui l'accompagne?

* Claudette, Robert, Henri; Jules, au fond, à gauche.
** Claudette, Robert, Jules; Henri, au fond, à gauche.

HENRI, masqué par Robert.

Attends... Ah! je reconnais madame Blanche Tingrey.

JULES, du palier.

Oui, Tingrey, un mari si malheureux, qu'on avait surnommé le train de six heures, qu'il prenait une fois par semaine...

ROBERT.

Le train des... notables.

JULES.

C'est ça, mon oncle.

HENRI.

Ah! j'aperçois aussi la lionne de Trouville, madame de Tourny...

ROBERT *.

Madame de Tourny ?... Oh! j'ai beaucoup connu autrefois le comte Georges, son mari. Il y a eu, je crois, une terrible histoire, un duel fort malheureux pour un... suivant de la comtesse Diane.

HENRI.

Oui... il y a cinq ans. Et, depuis ce temps, le comte et la comtesse ne sont plus mariés que pour le monde.

ROBERT.

La comtesse de Tourny, madame Tingrey, ah! voilà deux amies dangereuses...

JULES, au fond.

Elles s'arrêtent sans savoir si elles doivent reculer ou avancer.

ROBERT.

Et celle qui a une plume rouge à son chapeau?

HENRI.

C'est madame Rose Michelin, une veuve de vingt ans... très-évaporée...

* Claudette, Robert, Henri, Jules.

ROBERT.

Une brebis surnuméraire... (A Henri.) Prends garde, elles approchent!

Henri s'efface encore davantage.

DIANE, en dehors, à Robert, qui est seul en vue *.

Hé! l'homme!

ROBERT, à part.

L'homme!...

DIANE, en dehors.

Est-ce une auberge ici?

ROBERT.

Une auberge? Ah! quelle idée!... (Haut.) Oui, madame, oui... l'auberge du *Pélican*; on donne à boire et à manger... Ces dames peuvent se mettre à l'abri. (Criant.) Louis! Pierre! aidez ces dames et vous conduirez les chevaux à l'écurie vivement. (Il éclate de rire. — A Henri.) Tu la verras. Es-tu satisfait?...

HENRI, lui sautant au cou.

Ah! Robert!

JULES.

C'est superbe!

ROBERT.

Tu entends, Claudette, ma maison est une auberge, je suis un hôtelier, et voilà mon garçon, Flageolet.

JULES.

Moi?

ROBERT, le dépouillant de sa vareuse **.

Et, d'abord, donne-moi tout ça, toi! Comme ce galant négligé est un peu trop boulevard Italien, endosse ceci... (Il lui met une grosse

* Jules, Claudette, Robert, Henri.
** Claudette, Jules, Robert, Henri.

vareuse de pêcheur, trop large.) Ce guayaquil nous trahirait... Tiens!... (Il lui enlève son chapeau de paille et le coiffe d'un affreux chapeau déchiré.) Voilà !...

JULES.

Mais, mon oncle, quelle opinion ces dames auront-elles de moi ?

CLAUDETTE.

Ah! monsieur, si vous mettiez...

Elle lui donne un tablier et une serviette.

ROBERT.

Parfait, c'est très-bien.

CLAUDETTE, à Jules.

Aidez-moi, monsieur.

Jules et Claudette avancent la table.

ROBERT, à Henri.

Quant à toi, rentre dans ta chambre.

HENRI, résistant.

Pourtant, j'aurais voulu...

ROBERT.

Rester, n'est-ce pas ? pour la mettre en fuite!...

HENRI.

C'est vrai.

ROBERT.

Disparais, malheureux! les voilà!

HENRI, montant vivement l'escalier.

Oh! Providence! Je devais la revoir...

Il rentre dans sa chambre ; à peine a-t-il disparu, que les femmes entrent en riant aux éclats.

## SCÈNE VI

ROBERT, JULES, DIANE, ROSE MICHELIN, MARIE BERNIER, puis BLANCHE TINGREY.

DIANE, entrant *.

Quel temps, bonté divine!

ROSE.

J'ai cru qu'une rafale allait nous jeter dans la mer, moi et ma jument...

BLANCHE, dans la coulisse.

Mais ce n'est pas mon pied qu'il faut prendre, imbécile, c'est l'étrier...La!... donne-moi ton épaule maintenant...houp!... (Entrant.) Brrr!... quel vent!... Je suis glacée!... (A Jules, qui est resté la bouche béante.) Ferme les fenêtres, les portes, ferme tout... Et, d'abord, ferme la bouche, tu as l'air bête!

ROBERT, riant.

Attrape!

BLANCHE, à Robert.

Allons, remuez-vous donc aussi, mon brave homme!

ROBERT, à part.

Mon brave homme! (Il fait la grimace.) Voilà! voilà!

DIANE.

C'est la vérité, qu'il fait un froid de novembre... (A Jules.) Hé! garçon! (Jules ne répond pas.) Garçon!...

ROBERT.

Flageolet, madame t'appelle.

* Marie, Rose, Diane, Blanche, Jules, Robert.

DIANE.

Jette-nous deux ou trois fagots là dedans.

Elle montre la cheminée.

JULES, à part *.

Elle me tutoie aussi !

Il va chercher un fagot.

BLANCHE.

Avez-vous vu sur la route d'Houlgate une victime de l'ouragan? C'était cet excellent M. Buzançois, notre ami. Il était magnifique... son chapeau qui s'envolait à gauche, le cheval effrayé qui galopait à droite, et M. Buzançois au milieu, hésitant entre le chapeau et la voiture.

DIANE, à Jules, qui souffle le feu avec ardeur.

La ! c'est cela, mon ami... souffle!... Bien... assez!... Maintenant, ôte-toi de là.

Elle le repousse du bout de sa bottine et se chauffe les pieds.

MARIE, à la fenêtre.

Que c'est beau, un orage! Voyez donc, madame.

BLANCHE, raillant.

Oui, la vague phosphorescente qui déferle avec des voix étranges, le ciel noir, les voiles blanches perdues dans la brume et dans la tempête, bien loin!... Oh! ma chère, vous êtes trop poétique, savez-vous; priez donc madame Michelin de vous jouer du Beethowen.

ROSE, avec un mouvement d'épaules **.

Beethowen?... Ah! c'est assommant. Dieu ! comme j'ai soif!...

DIANA.

Et moi donc!

* Marie, Rose, Jules, Diane, Blanche, Robert.
** Marie, Diane, Blanche, Jules, Rose, Robert.

BLANCHE.

Dites-moi, aubergiste, qu'avez-vous dans vos caves?... du cidre?

ROBERT.

Oui, madame, un petit poiré excellent!... Mais j'ai aussi du champagne qui vaut le cidre...

BLANCHE.

Tiens, si nous buvions du vin de Champagne!

ROSE.

C'est cela!

ROBERT, à Claudette, qui paraît à la porte de la cave.

Petite, deux bouteilles de champagne, pour ces dames!

Claudette sort.

JULES, aux dames en se dandinant *.

Mon oncle n'a que du moët. Je lui ai dit : « Faites donc venir du rœderer... » Voilà une vraie marque, du rœderer... Cela et la veuve, à la bonne heure! on ne boit que cela au *Café Anglais.*

BLANCHE.

Tu connais le *Café Anglais*, toi!

ROBERT, vivement.

Oui. Flageolet a longtemps ouvert les huîtres dans la maison... Son départ a même laissé un vide...

ROSE.

Tiens! le soleil qui reparaît!

BLANCHE.

La pluie a cessé.

ROSE.

Le vent aussi... (Donnant une tape sur le bras de Robert.) Ouvrez la porte, vous!

ROBERT.

On y va! (A part.) Complète, la petite blonde!

* Marie, Diane, Blanche, Jules, Robert, Rose.

## SCÈNE VII

LES MÊMES, CLAUDETTE, apportant une bouteille.

CLAUDETTE *.

V'là le champagne !

ROBERT.

Flageolet, des verres!

ROSE.

Et des biscuits!

ROBERT.

Et des biscuits!

JULES, à part.

Mais c'est humiliant, ce que je fais là!

Il obéit.

ROSE.

Oh! laisse-moi déboucher le champagne, c'est si amusant!...

DIANE, lorgnant Claudette **.

Dites donc, mesdames, savez-vous qu'elle est charmante, cette petite?... Comment t'appelles-tu, mon enfant?

CLAUDETTE.

Claudette, madame.

DIANE. *

Eh bien, Claudette, tu as de très-jolis yeux. Te l'a-t-on dit?

CLAUDETTE.

Qui ça, madame? -

* Marie, Diane, Blanche, Claudette, Rose; Robert et Jules, au fond.
** Marie, Blanche, Diane, Claudette, Rose ; Robert et Jules, au fond.

DIANE.

Les garçons, les paysans, les Némorins !

CLAUDETTE.

Non, madame. Ils sont si bêtes dans le pays !

DIANE *.

Quelle naïveté ! Mais, véritablement, ce toit de chaume cache un trésor !

Rose Michelin a abandonné la bouteille à Robert et s'est mêlée aux deux femmes.

BLANCHE.

C'est qu'en effet, elle a une très-jolie main.

DIANE.

Voyons ta patte !... En effet, oui... un peu rouge seulement.

CLAUDETTE.

C'est que je jardine...

DIANE.

Tu jardines ?...

CLAUDETTE.

Je ratisse les allées...

BLANCHE, avec dédain.

Oh !

ROBERT, à part, en débouchant le champagne.

Dame ! tout le monde ne peut pas ratisser l'argent des fils de famille.

BLANCHE.

Mais c'est qu'elle a un tout petit pied dans ses gros sabots.

DIANE.

Quitte un peu ton sabot, mon enfant.

* Marie, Blanche, Claudette, Diane, Rose; Robert, Jules, au fond, entre Blanche et Claudette.

CLAUDETTE, obéissant.

Voilà, madame.

DIANE, lorgnant toujours.

Oui, tout à fait petit. Dix-huit ans, hein?

CLAUDETTE.

Oh! pas encore, dans deux jours!

ROSE, montrant Jules.

C'est ton amoureux, ce nigaud-là!

Jules, qui lorgnait, se recule vexé.

CLAUDETTE.

Madame, mon amoureux, c'est Pierre!

BLANCHE.

Qui cela, Pierre? un de ceux qui ont pris nos chevaux?

CLAUDETTE.

Oui, madame, le plus maigre.

BLANCHE.

Tu dois l'épouser?...

CLAUDETTE.

Oui, madame!

BLANCHE.

Quand il sera gras?

CLAUDETTE.

Non madame... Quand il aura tiré au sort.

DIANE.

Oh! espérons qu'il aura un mauvais numéro...

MARIE.

Pourquoi? Mais elle sera heureuse, puisqu'elle aime son fiancé!...

DIANE.

Oui, oui, oui... très-heureuse!... et je gage, même, qu'elle ne sera pas quitte de ce bonheur-là à moins de quatorze enfants... C'est le chiffre dans le peuple... Mais a-t-elle les dents blanches! En voilà du bien perdu!... pauvre petite!... Enfin, puisque madame Bernier prétend que tu seras heureuse; remets ton sabot...

Claudette regarde Blanche d'un air tout interdit.

BLANCHE.

Remets ton sabot, puisqu'on te le dit.

CLAUDETTE, un peu triste.

Oui, madame!

PIERRE, entrant *.

Claudette, on te demande.

CLAUDETTE, brusquement.

C'est bon, j'y vas!...

PIERRE.

Tout de suite.

CLAUDETTE.

Ah! tu m'ennuies!...

Elle sort.

PIERRE.

Qu'est-ce qu'elle a donc?

ROBERT, à part, se frottant le dos de la main.

Voilà... ça commence!

PIERRE, étonné.

Quoi donc qui commence?... (Sortant en courant.) Claudette! Claudette!

Il disparaît.

* Marie, Robert, Pierre, Claudette, Rose, Blanche, Diane; Jules, au fond.

## SCÈNE VIII

Les Mêmes, hors CLAUDETTE.

ROSE, apportant un verre*.

Madame Tingrey veut-elle accepter?...

BLANCHE, prenant le verre, et voyant Jules.

Eh bien, que fais-tu là, toi?

JULES, souriant.

Moi?

BLANCHE.

Va-t'en à c't'écurie!

JULES, vexé.

A c't'écurie!

BLANCHE.

Quand les chevaux auront mangé l'avoine, tu nous préviendras; va!

JULES, à part.

Cette femme-là me parle comme si j'étais un valet...

ROBERT.

A l'écurie!

JULES, impatienté.

J'y vais!...

Il sort.

ROBERT**.

Ces dames n'ont pas d'ordres à me donner?

BLANCHE.

On vous sonnera... Allez à vos affaires, mon brave homme!

* Marie, Robert, Jules, Blanche, Diane, Rose.
** Marie, Blanche, Robert, Rose, Diane.

ROBERT, à part, vexé.

Mon brave homme!... Ah çà! j'ai donc vraiment l'air d'un monsieur qui tient une posada? Enfin, rejoignons Werther, et étudions Charlotte!

TOUTES.

Allez donc! allez donc!

ROBERT, en montant.

On y va.. (A part.) Ce sont de grandes dames! (Écoutant ce que joue Diane, qui, depuis un instant, s'est mise au piano.) Eh! mais... je connais cette mélodie. Ah! je sais...

Fredonnant en montant l'escalier.

Quand j'étais roi de Béotie...

Il rentre dans la chambre d'Henri.

## SCÈNE IX

DIANE, ROSE, BLANCHE, MARIE.

ROSE *.

Tiens, l'aubergiste qui chante votre air!

BLANCHE, montrant les verres.

Marie! vous ne buvez donc pas?

MARIE.

Non... merci.

BLANCHE.

Oh! décidément, vous êtes trop dans le bleu... ou dans le noir.

ROSE.

Est-ce que vous avez des chagrins?

* Marie, Blanche, Rose, Diane.

MARIE.

Mais non...

ROSE.

Alors, pourquoi ne pas être gaie?... Moi, je suis gaie... et pourtant je suis veuve... Tiens! au fait, j'y pense!... je devrais être triste... Mais non;... madame Tingrey se moquerait encore de moi... (A Marie, en lui prenant les mains.) Voyons, souriez... cela est si facile... votre tristesse donnerait raison à cette histoire que l'on nous racontait l'autre jour...

MARIE.

Quelle histoire?...

ROSE.

C'est madame de Cheppe qui bâtissait sur vous tout un roman : « La tristesse de madame Bernier n'a rien qui doive surprendre, disait-elle. Pauvre jeune femme!... Vous ne savez donc pas? C'est une enfant trouvée. »

Marie met la main sur son cœur.

BLANCHE, bas, à Rose*.

Bavarde! Vous êtes terrible, ma chère enfant!

ROSE, regardant tous les visages**.

Ah! c'est donc vrai? (Courant à Marie.) Une larme! oh! Marie, pardon! Vous savez, moi, je parle un peu à tort et à travers... mais je ne suis pas méchante!... Je n'ai pas un mauvais cœur. Je vous ai affligée, moi qui me sens pour vous une amitié si sincère... une amitié comme au couvent... Marie, pardonnez-moi.

MARIE, l'embrassant.

Vous êtes bonne! et je vous aime aussi!

ROSE.

Alors, cette histoire est vraie?

* Blanche, Marie, Rose, Diane.
** Rose, Marie, Blanche, Diane.

MARIE.

Oui...

ROSE.

Madame de Rion vous a adoptée... et est morte en vous laissant toute sa fortune?

MARIE, avec sentiment.

Oui...

DIANE, à part.

Oui, une fortune qui devait me revenir. (Haut.) Chère tante! une excellente femme! Dieu ait son âme!

ROSE, à Marie.

Elle vous a enrichie... c'est très-bien!... seulement, elle a eu tort de vous marier.

Marie remonte sans répondre.

ROSE.

Bon! j'ai encore dit une sottise!

BLANCHE.

Vous êtes incorrigible!

Marie sort lentement par la porte qui donne sur la mer. Henri, retenu par Robert, paraît en haut de l'escalier.

HENRI *.

Elle est seule!... Elle descend sur la plage!

ROBERT.

Veux-tu rester tranquille!...

Il le repousse dans la chambre.

DIANE, se retournant au bruit.

Qu'est-ce donc?

ROBERT, penché sur la balustrade.

Ces dames n'ont pas d'ordres à me donner?

* Rose, Blanche, Diane; Henri et Robert, sur l'escalier.

BLANCHE.

Puisqu'on vous sonnera.

ROBERT.

Parfait!

Il disparaît.

ROSE, qui était allée au fond, revenant*.

Elle est fâchée?...

BLANCHE.

C'est votre faute, vous ne pouvez pas vous taire.

ROSE.

Cependant, je ne lui ai pas dit tout ce que madame de Cheppe nous a raconté, et que M. Bernier était fou d'une ballerine célèbre qu'il avait rencontrée à Paris, et qu'il l'avait suivie à Rome et, de là, à Milan, où elle danse à la Scala .. qu'il avait déjà mangé les trois quarts de sa dot avec cette bayadère... Je n'ai pas dit cela.

DIANE.

Elle le sait parfaitement!

ROSE.

Oh! comme elle doit souffrir!

DIANE.

Vous êtes délicieuse!

ROSE.

Ah! vous riez toujours de moi. Vous me traitez comme une petite pensionnaire... mais je suis une femme... comme vous, ma chère comtesse... comme madame Tingrey!

DIANE.

La! la! ne vous fâchez pas!

ROSE.

Et je montrerai bien que je ne suis pas aussi sotte... qu'on le pense...

* Blanche, Rose, Diane.

DIANE.

Mais personne ne pense cela...

ROSE.

Si fait ! si fait !... Oh ! je remarque bien vos petits regards en dessous.

DIANE.

Nous vous tenons toutes, je vous jure, pour la plus honnête personne du monde.

BLANCHE, riant.

Oh ! pour cela, oui !

DIANE.

Mais vous avez un petit travers.

ROSE.

Lequel ?

DIANE.

Celui de vouloir jouer les coquettes sans avoir les qualités, ou plutôt... les défauts de l'emploi...

ROSE.

Ce qui veut dire que je suis une innocente !... une sotte !...

DIANE.

Quelle guerre vous nous faites là, chère enfant !

ROSE.

Je ne suis pas une enfant !

DIANE.

Chère madame !... Non, vrai, vous avez manqué votre vocation... les quatorze enfants de Claudette !... En mourant sitôt, M. Michelin a brisé votre carrière...

ROSE.

Alors, selon vous, je n'étais bonne qu'à filer de la laine ?... Eh bien, prenez-y garde, si je m'y mets, je vous soufflerai tous vos adorateurs.

BLANCHE, riant.

Oh! souffler n'est pas jouer...

ROSE, qui ne comprend pas.

Comment ? (Diane et Blanche rient de nouveau.) Je serai une femme à la mode quand je voudrai, croyez-le bien... D'abord, je sais m'habiller.

BLANCHE.

Oh! ce n'est pas le plus difficile, ça!

Devant le visage étonné de Rose, les deux femmes éclatent de rire.

ROSE.

Ah! c'est insupportable! vous me taquinez pour me faire pleurer, afin que je sois laide pour le bal de demain; eh bien, justement, je ne pleurerai pas, pour vous faire enrager.

DIANE, riant.

C'est cela...

BLANCHE.

Le plus triste de tout cela, c'est que M. Tingrey, mon époux et maître, arrive demain soir.

DIANE.

Comment! nous aurons Tingrey ?

BLANCHE.

Hélas!... Ah! s'il pouvait se tromper de gare, et aller à Milan... rejoindre M. Bernier; mais le ciel n'exaucera pas mes vœux.

ROSE, revenant.

Mais ce n'est pas tout ça...

DIANE.

Tiens, elle reparle.

ROSE.

Avez-vous beaucoup d'invitations? Moi, j'ai donné la première valse à M. Gaston de Fresne.

BLANCHE.

Oh! il valse merveilleusement!... Aimez-vous cette figure-là, Diane?

DIANE.

Pas trop. Je n'aime pas les blonds!

BLANCHE.

Moi non plus... Cependant... de temps en temps... Ah! tenez, une vraie tête, c'est ce petit Portugais... vous savez bien?

ROSE.

Oui... Oh! que de promesses dans ses yeux!...

BLANCHE, gravement.

Eh bien, mademoiselle!...

ROSE.

Je suis veuve, madame.

BLANCHE.

Au fait!... (Reprenant.) En somme, cette année, très-peu de jolis garçons... Ainsi, Servières, par exemple; je ne comprends pas, moi, qu'une femme puisse aimer Servières!

DIANE.

Ah! il est bien! Madame de Preuil, Mathilde, l'a adoré: ils ont fait leurs trois mois; il a l'air distingué... surtout depuis qu'il grisonne; et puis il monte si bien à cheval!...

BLANCHE.

Oui... mais quel style!... Georgette l'a aimé aussi... elle m'a montré de ses lettres... Il parle constamment des étoiles, des astres... un véritable astrologue!... Il doit être très-ennuyeux!...

ROSE.

On ne lui laisse pas le temps de parler...

DIANE, riant.

Oh! mais elle devient féroce!

ROSE, très-fière.

Mais!... Ah!... et M. Gérard? n'est-ce pas qu'il est gentil?...

BLANCHE.

Très-gentil!... c'est un des jeunes gens, trop rares, sachant bien roucouler d'amour; très-éloquent, un peu fou, mais il vous charme. Il est moins joli garçon que Servières assurément... les traits sont moins fins... Eh bien, s'ils étaient à mes pieds tous les deux, et que je fusse forcée, sous peine de mort, de jeter mon bouquet à l'un ou à l'autre...

ROSE *.

Eh bien?...

BLANCHE.

Eh bien, je crois que je renverrais Servières à ses étoiles, et que je garderais M. Gérard sur la terre.

ROSE.

Et le prince Borza!... qui a rendu si malheureux ce pauvre Albert de Sorges, lequel, cependant, valait mieux dans son petit doigt que le Moldo-Valaque dans sa longue personne?... Voilà où je ne comprends pas notre amie Rosine, par exemple.

DIANE.

Vous la comprendriez peut-être si vous connaissiez l'histoire de son mariage.

ROSE.

Eh bien, cette histoire, quelle est-elle?

DIANE.

Oh! mon Dieu, c'est l'histoire de bien d'autres; histoire douloureuse... histoire bête! Ça commence comme les rondes des petites filles sous les marronniers: « A mon beau château! » Un vieux ma-

* Rose, Blanche, Diane.

noir bourgeoisement féodal, où, de temps en temps, on met de l'eau propre dans les fossés, au grand scandale des grenouilles. Pendant tout le jour, le noble châtelain s'essouffle dans sa trompe, en tâchant, mais en vain, de rattraper sa meute, tandis que la châtelaine, pieusement enfermée au fond de son oratoire, prie ardemment le ciel de lui pardonner de ne pouvoir aimer sa fille... Alors, un jour, la damoiselle, qui se sent aussi trop abandonnée, veut aller confier sa peine à la jolie gouvernante chargée de lui apprendre à faire la révérence ; mais celle-là a d'autres soucis... La nuit est venue, un gentil cavalier l'attend au fond du parc, et elle vient de partir... On entend même encore le froufrou de sa robe courant sur le sable de l'allée ; sur ce bruit, l'innocente guide ses pas... Elle arrive auprès d'un fourré, elle écoute... Deux voix chantent un hymne qu'elle ne comprend pas, mais qui bientôt lui fait adorer la musique. Et... quelque temps après... ne sait comment... l'hymne se chante à quatre voix ; puis... un beau soir, le noble châtelain vient troubler le concert... on chasse les musiciens... Et vite, vite, une tour obscure : « Mademoiselle, vous ne sortirez de là que pour être mariée... — Sortons tout de suite, dit-elle ; monsieur, voici ma main. Quant à mon cœur, c'est autre chose. »

BLANCHE.

Eh bien ?

DIANE.

Voilà pourquoi Rosine a aimé le prince Borza.

ROSE, *riant.*

En vérité, à l'accentuation de votre récit, il semblerait que cette histoire est la vôtre.

DIANE, *se remettant.*

Folle !

BLANCHE.

Folle, en effet ; car, depuis quelques jours surtout, depuis son dernier voyage à Paris, notre bonne comtesse n'a de regards que pour son mari. Elle se trouve sans cesse sur sa route ; elle pâlit lorsqu'il lui parle; c'est-à-dire que l'on commence à jaser de cela à Trouville. Prenez-y garde, Diane ! le ridicule tue en France.

DIANE, souriant.

Quelle jolie veuve vous ferez !...

Les femmes éclatent de rire.

BLANCHE, avec compassion.

Oh ! ce pauvre Tingrey !

## SCÈNE X

LES MÊMES, JULES, puis ROBERT.

JULES, d'un air sinistre *.

Les chevaux sont soûls d'avoine.

BLANCHE.

A cheval, mesdames !

ROSE, appelant.

Aubergiste ! aubergiste !

ROBERT, paraissant **.

Voilà ! voilà !

BLANCHE.

Nous vous devons...?

ROBERT.

Biscuits, champagne et picotin, dix francs quatre-vingt-dix centimes.

BLANCHE, qui a cherché dans ses poches.

Ah ! mon Dieu !

* Jules, Rose, Diane.
** Blanche, Rose, Jules, Robert, Diane.

ROSE.

Qu'avez-vous donc?

BLANCHE.

J'ai oublié ma bourse.

ROSE, interdite.

Moi... je ne savais pas, je n'ai pas emporté d'argent.

DIANE, riant.

Moi non plus; bah! l'aubergiste nous fera crédit.

ROBERT.

Comment donc!... à madame la comtesse de Tourny.

DIANE, riant*.

Il nous connaît.

ROBERT.

J'aurai l'honneur d'aller à Trouville et de remettre ma petite note à madame la comtesse...

DIANE.

C'est pour le mieux. A cheval!

ROSE.

Ah! et madame Bernier? (Courant à la fenêtre.) Marie! Marie!

Elle secoue son mouchoir.

BLANCHE**.

Elle rêve sur la plage déserte. Oh! décidément, cette petite est un clair de lune, une statue de la Douleur.

DIANE, avec un sourire.

Qui s'égayera...

ROSE.

Ah! elle nous a vues. (Criant.) Marie, nous partons! Elle vient.

* Blanche, Diane, Rose, Jules, Robert.
** Diane, Blanche, Rose, Jules, Robert.

BLANCHE.

Brave homme, ton cidre... non, ton moët est excellent.

ROBERT.

Si ces dames daignent revenir, nous avons une légitime réputation pour les omelettes.

BLANCHE, riant.

Oh! alors, nous reviendrons.

ROSE.

Retournons à Trouville au grand galop, voulez-vous?

DIANE.

Oui... un steeple.

ROSE.

La bonne journée!... (A Jules.) Venez tenir nos chevaux, vous!

Les femmes sortent en riant. Robert et Jules les suivent.

JULES.

Oh! c'est trop fort!

ROBERT.

Allons, va tenir les chevaux. Pierre! Pierre! aide ces dames.

## SCÈNE XI

### HENRI, puis MARIE *.

Henri, qui, depuis quelque temps, a entre-bâillé la porte, descend vivement l'escalier. — Musique de scène. — Henri reste au fond du théâtre, sans être vu de Marie, qui entre lentement. — En ce moment, on entend au dehors la voix de Claudette, qui répète, mais tristement, le noël du commencement.

M'épousera Jean à Pâques fleuries,
M'épousera Jean dans le mois de mai...

* Marie, Henri.

Marie se dirige vers la cheminée, pour prendre ses gants et sa cravache. Aux premières notes de la chanson de Claudette, Marie s'arrête et écoute.

CLAUDETTE, en dehors.

Nous inviterons les fleurs des prairies.

HENRI.

Elle vient.

CLAUDETTE, de même.

J'en cueille une gerbe à mon bien-aimé...

MARIE.

Le bien-aimé, elle peut le nommer tout haut, elle !

CLAUDETTE, de même.

Poussez, clochettes
Et fleurettes!
Poussez, fleurettes,
Pour le bien-aimé!

VOIX DES FEMMES, au dehors.

Marie !

HENRI, en même temps, avec passion.

Madame !...

MARIE, s'éveillant alors seulement, et avec un cri.

Ah ! (A part.) Lui !...

HENRI, suppliant.

Marie ! ayez pitié...

Il lui a saisi la main.

MARIE, la retirant.

Laissez-moi !

HENRI.

Marie ! je vous adore !... ne m'aimerez-vous jamais ?

MARIE, d'une voix brisée.

Jamais !

Elle s'élance au dehors, pendant que la chanson finit.

VOIX, au loin.

Marie !... Marie !...

## SCÈNE XII

HENRI, ROBERT, puis JULES.

ROBERT, reparaissant *.

Eh bien ?...

HENRI, avec douleur.

Elle ne m'aime pas, Robert ; elle ne m'aimera jamais !... Elle me l'a dit...

ROBERT, froidement en regardant la cravache restée sur la cheminée.

Elle se trompe... Aujourd'hui, elle a oublié sa cravache; demain, elle oubliera ses devoirs... Il faut toujours que les femmes oublient quelque chose.

HENRI.

Que dis-tu ?

ROBERT.

Je dis qu'elle t'aimera... Tu vas retourner à Trouville, je t'y rejoindrai... Je me sacrifie !...

HENRI **.

Mais qu'y ferai-je ?

ROBERT.

Rien... Laisse faire aux brebis galeuses !

* Henri, Robert.
** Robert, Henri.

# ACTE DEUXIÈME

A Trouville. — Chez Blanche Tingrey, un salon richement meublé. — Deux portes au fond, et une troisième dans le pan coupé de gauche, ouvrant sur d'autres salons brillamment éclairés. — Salon à gauche; une grande fenêtre ouvrant sur une terrasse toute chargée d'orangers et donnant sur la mer. — Portes latérales. — A droite, une cheminée. — Canapés, jardinières, chaises, fauteuils, etc. — Au fond, à gauche, table de whist.

## SCÈNE PREMIÈRE

BUZANÇOIS et DEUX DOMESTIQUES, INVITÉS.

Au lever du rideau, des invités sont debout à l'entrée des salons du fond, et regardent les valseurs qui passent et repassent devant les portières à demi soulevées. — L'orchestre du bal joue en sourdine la valse de *Faust*. — Dans le salon, quelques dames çà et là. — Sur la terrasse, et regardant la mer, quelques habits noirs parmi les orangers.

BUZANÇOIS, à un valet *.

Le baccara s'est emparé de toutes les tables de jeu dans le salon voisin, disposez donc ici une autre table.

LE DOMESTIQUE **.

Oui, monsieur le commissaire !

* Buzançois, le domestique.
** Le domestique, Buzançois.

BUZANÇOIS, descendant.

Ils jouent un jeu d'enfer là dedans ! (Il désigne la gauche.) Et la maîtresse de céans, madame Blanche Tingrey, donne même le mauvais exemple... Si j'y avais songé, j'aurais établi une cagnotte pour nos pauvres naufragés ; cela aurait grossi le chiffre de la quête... Enfin espérons que nos invités seront généreux... Le plaisir rend l'âme si bonne.

En ce moment, la valse s'arrête. — Les groupes de curieux qui garnissaient les portes des salons se dispersent. — Une partie va rejoindre les personnes qui prennent l'air sur la terrasse, l'autre va garnir les tables de whist. — Rose Michelin, en grande toilette de bal, fait irruption dans le salon.

## SCÈNE II

LES MÊMES, ROSE *.

ROSE, une partie de son volant de robe dans la main, et courant à Buzançois.

Monsieur le commissaire, monsieur le commissaire, au secours ! vite, des épingles! je suis en lambeaux. Tout un volant de parti .. C'est la valse de *Faust* qui est cause de cela... Quand le diable s'en mêle...

BUZANÇOIS, qui a tiré une petite pelote de sa poche, la lui présentant.

Voilà, belle dame.

ROSE, tout en réparant le désastre.

Oh! monsieur Buzançois, je vous en supplie! ne m'appelez pas belle dame... ça vieillit trop; on est tout de suite grand'mère.

BUZANÇOIS.

Mais... cependant...

ROSE **.

On ne parle plus comme cela, monsieur Buzançois!... vous

* Buzançois, Rose.

** Rose, Buzançois.

n'êtes pas dans le mouvement, comme dit la duchesse Linoto... Oh! l'adorable femme!... avec ça qu'elle n'a pas l'air d'une duchesse du tout... Voilà!... il n'y paraît plus. (Tombant dans un fauteuil.) Ouf! je suis morte!... Et dire que mon carnet de bal est encore plein jusqu'aux agrafes! La nuit tout entière ne me suffira pas pour faire honneur à ma signature.

BUZANÇOIS, riant.

Eh bien, vous ferez banqueroute.

ROSE.

Jamais!... cinq minutes de repos, un souffle de brise, et il n'y paraîtra plus. (Par réflexion.) Tiens, au fait! Ah! je vais prendre un peu d'air sur la terrasse...

BUZANÇOIS *.

Oh! madame, pour cela, je m'y oppose... Le vent de la mer est glacé ce soir... et, en ma qualité de commissaire... je vous arrête.

ROSE.

Une minute seulement.

BUZANÇOIS.

Pas une seconde... Mais regardez-vous donc, madame, regardez donc vos bras... et le reste....

ROSE, s'éventant.

L'adorable habitation! c'est que, d'ici, on entend mugir la mer.

BUZANÇOIS.

C'est le commencement de la marée... Dans deux heures, les vagues seront presque sous ce balcon.

ROSE.

Il n'y a vraiment que ces damnés capitalistes pour se payer de ces féeries-là... (Riant.) Par exemple, ce pauvre M. Tingrey n'y joue pas le beau rôle... En vérité, il y a de quoi mourir de rire à suivre de l'œil ses marches et contre-marches, pour tenter de se rapprocher de sa femme, qui, pour sa part, n'a qu'une préoccupation, celle de lui échapper.

* Buzançois, Rose.

BUZANÇOIS.

Je le plains bien sincèrement.

ROSE.

Bah! bah! c'est bien fait ; pourquoi ne s'aperçoit-il qu'après tous les autres que sa femme est jolie? (Riant.) Du reste, le salon de madame Tingrey a ce soir une physionomie tout à fait singulière. Ici, c'est madame de Tourny, cette chère Diane, qui roucoule mentalement la romance du *Saule*, en versant à flots sur son mari le fluide enivrant de ses yeux d'émeraude;... là, c'est M. le comte qui, sans paraître remarquer même la présence de sa femme, couve d'un œil inquiet et paternel la pauvre colombe ayant nom Marie, qui se débat frémissante sous le regard fascinateur du vautour Henri Gérard.

Elle rit *.

BUZANÇOIS, à part.

Le comte a remarqué comme moi les poursuites de ce jeune homme, tant mieux ; ce sera un protecteur de plus pour madame Marie Bernier.

ROSE.

En vérité, il court ici comme un souffle amoureux... Vous croyez que l'on quête ce soir au profit de vos naufragés, vous? Du tout, c'est au profit d'Adonis que l'on quête.

BUZANÇOIS, avec reproche.

Ah! ah! madame... vous si timide, à l'allure si indécise, il y a un mois à peine, je trouve... un vieillard peut bien vous dire cela... je trouve qu'aujourd'hui, vous...

ROSE.

Je marche un peu vite?

BUZANÇOIS.

J'allais le dire.

* Rose, Buzançois.

ROSE, riant, mais un peu honteuse.

J'y suis bien forcée, pour suivre ces dames. — Elles font de si grandes enjambées ! — c'est-à-dire que je ne pourrai jamais les rattraper, si quelqu'un ne m'aide de ses conseils. Ainsi, quand je suis avec elles, ce n'est jamais moi que l'on regarde ; c'est impatientant !... A quoi cela peut-il tenir ? Je vous le... Ah ! mais, au fait, monsieur Buzançois, vous avez vécu, vous?

BUZANÇOIS.

Moi, madame ? — Mais... en effet, et depuis une soixantaine d'années déjà, malheureusement.

ROSE.

Vous devez savoir ce qui plaît aux hommes?

BUZANÇOIS.

Ce qui plaît aux... ? Mais c'est la modestie... la réserve, deux yeux pudiquement baissés...

ROSE.

Oh ! c'est pour rire, n'est-ce pas?

BUZANÇOIS.

Plaît-il ?

ROSE.

Oui, oui, il doit y avoir autre chose.

BUZANÇOIS.

Autre chose !

ROSE.

Un... je ne sais quoi qui leur fait tout de suite battre le cœur et tourner la tête, et qui me manque apparemment. — Ainsi, mes cheveux ne sont peut-être pas assez à la diable...

BUZANÇOIS, embarrassé.

Je ne vous dirai pas.

ROSE.

Ma robe n'est peut-être pas assez décolletée?

BUZANÇOIS, sautant.

Pas assez?... Cependant... il me semble qu'à moins de n'en pas mettre du tout...

ROSE.

Enfin, vous avez aimé?

BUZANÇOIS.

Madame Buzançois... Oui, madame.

ROSE.

Eh bien, comment s'y prenait donc madame Buzançois pour vous plaire?

BUZANÇOIS.

Oh! c'était tout simple. Elle n'avait pas de... je ne sais quoi, portait des bandeaux plats et des robes montantes.

ROSE, moqueuse.

Ça devait être joli!

BUZANÇOIS.

Mais... ça ne lui allait pas trop mal, et moi, ça m'allait très-bien...

ROSE, avec un cri.

Oh! regardez donc là-bas, madame de Tourny... Comme elle se penche amoureusement sur le bras du comte! (Riant.) Mais vous savez... elle en sera pour ses frais!...

BUZANÇOIS, scandalisé.

Oh! oh!

ROSE.

Ah! c'est la duchesse qui m'a appris cela... et bien d'autres choses. Ainsi, hier soir, chez elle, entre chien et loup, elle nous a raconté une histoire bien étrange... Il paraît que madame de Tourny, il y a cinq ans... un certain soir... enfin, il y avait un hospodar, un boyard, qui lui faisait la cour, et paf!... le comte l'a tué... Ah! je ne m'étonne plus que madame de Tourny soit si fort à la mode.

BUZANÇOIS, qui cherche à se remettre, essayant de sourire.

Pures inventions que tout cela, madame; c'est un de ces contes comme en font les grandes personnes pour... effrayer les enfants terribles.

ROSE.

Ah! vous me grondez toujours. (Regardant au dehors.) Voilà nos amoureux... soyons discrets .. Votre bras... (Avec intention.) L'enfant a faim, conduisez-le au buffet.

Elle prend le bras de Buzançois, et ils sortent par la droite. Le comte et Diane entrent par le fond. La table de jeu se vide, ainsi que la terrasse.

## SCÈNE III

### LE COMTE, DIANE *.

Le comte conduit Diane à un fauteuil et s'incline froidement.

LE COMTE.

Madame, nous voici dans le salon où vous avez pensé pouvoir goûter quelques instants de calme. Si nous n'y sommes pas arrivés plus tôt (avec une ironique politesse), et si nous avons pris le chemin des écoliers, ne m'en sachez pas mauvais gré, et veuillez remarquer qu'il n'y a rien de ma faute.

DIANE, avec une nuance de dépit.

Ce qui signifie en bon français que, si la chose eût dépendu de vous, il y a dix minutes tout au moins que vous m'eussiez quittée?

LE COMTE, sans répondre.

Puis-je vous être encore bon à quelque chose, madame?

* Le comte, Diane.

DIANE.

Un mot seulement Est-il vrai que vous quittiez Trouville ?

LE COMTE.

Oui, comtesse, demain matin même.

Il fait un mouvement pour se retirer.

DIANE.

Et... les prières les plus ferventes ne pourraient vous arrêter ici un jour de plus ?

LE COMTE.

Mon Dieu, non, comtesse.

Même jeu.

DIANE, avec une impatience contenue.

Avez-vous donc vraiment tant de hâte de rentrer dans cette cohue ? êtes-vous par engagement du prochain quadrille ?

LE COMTE.

Je ne danse pas.

DIANE.

Le whist vous réclame-t-il ?

LE COMTE.

Je ne joue pas.

DIANE.

C'est donc à propos de votre départ, quelque préparatif oublié ?

LE COMTE, avec intention.

Je n'oublie pas.

Il salue et sort par le fond à droite. Diane fait un mouvement, puis s'arrête tout à coup, et regarde, immobile, le comte qui s'éloigne. Blanche entre aussitôt du côté opposé.

## SCÈNE IV

DIANE, BLANCHE *.

BLANCHE, entrant en riant.

Décidément, ma veine de Bade et de Hombourg se continue ici. — Je viens de perdre cent louis de bon argent, et deux cents de mauvais.

DIANE, souriant.

Sur parole ?

BLANCHE.

Oui, à terme. — Ma foi, tant pis ! ce créancier-là attendra comme les autres.

DIANE.

Comment ?

BLANCHE **.

Mais, ma chère Diane, je suis cousue de dettes. Le moyen qu'il en soit autrement ? M. Tingrey ne me donne que cinq mille francs par mois pour ma toilette ! et, je vous le demande, qu'est-ce qu'une subvention de soixante mille livres par les modes qui courent ? c'est-à-dire que, si je ne m'ingéniais pas... Mais, je l'avoue, mon génie s'épuise, et, ce qu'il y a de plus grave, mon crédit. — Avec ça, j'ai des scrupules et je n'ose pas mettre l'état de ma situation sous les yeux de M. Tingrey. Jugez si je suis embarrassée. Cela vous étonne, vous, richarde qui, par votre contrat de mariage, avez eu l'entière administration de tous vos biens, deux petits millions. (Changeant de ton.) Mais je vous étourdis, n'est-ce pas, avec mon petit grand-livre ? Laissons cela et parlons de vous. (La regardant.) Ça ne va donc pas mieux ?

* Blanche, Diane.
** Diane, Blanche.

DIANE, jouant l'étonnement.

Moi ?

BLANCHE.

Oui, vous. — Vous êtes pâle à faire peur ! — Voyons, décidément, qu'est-ce qu'il y a donc ? car il y a quelque chose, et c'est bien, comme je le disais hier, depuis votre dernier voyage à Paris que vous êtes tombée en ces mélancolies. Qu'avez-vous rencontré là-bas ?

DIANE, avec un soupir.

J'ai rencontré... chez une autre le bonheur que j'ai perdu.

BLANCHE.

Expliquez-vous mieux.

DIANE, les yeux comme noyés dans un souvenir.

Une de mes amies d'enfance ; à son foyer comme au mien, un nuage s'était formé un jour, car elle aussi avait été... imprudente... légère.

BLANCHE, souriant et appuyant.

Oui.

DIANE.

Depuis un an, son mari était parti en la maudissant ! mais, l'autre jour, comme j'étais là avec elle, m'efforçant de la consoler, une porte s'est ouverte tout à coup, et un homme a paru sur le seuil. — C'était lui ! — il lui apportait son pardon !... Il lui a ouvert ses bras en silence, et leurs tendresses et leurs larmes se sont confondues. Il semblait l'aimer plus que jamais.

BLANCHE.

Il y a des hommes à qui ça produit cet effet-là.

DIANE.

Alors, je suis rentrée triste et pensive, et, en comparant le sort de mon amie au mien, à moi, pauvre abandonnée !... j'ai senti que mon cœur se brisait.

BLANCHE, *étonnée.*

Ah çà ! c'est donc sérieux? (Diane lui serre la main sans parler. — A part.) Il y a quelque chose.

DIANE.

Cinq ans d'abandon !... de solitude ! ah ! c'est bien long, allez, ma pauvre Blanche.

BLANCHE

Oh ! pendant ce temps-là, vous avez bien reçu quelquefois?

DIANE.

Oui, des oisifs, des indifférents... Mais.. à l'heure où la dernière voiture s'éloignait, je me retrouvais seule, bien seule, comme toujours ; alors, laissant tomber ma tête dans mes deux mains, je pleurais.

BLANCHE, *ébranlée* *.

Eh bien, parole d'honneur ! je n'aurais jamais cru ça.

DIANE, *la regardant bien en face.*

Vous le croyez maintenant?

BLANCHE, *souriant avec un reste de doute.*

Ça commence... Ainsi, depuis cinq ans, vous vivez tous deux comme... comme le soleil et la lune.

DIANE.

Oui.

BLANCHE.

Et... jamais... la plus petite éclipse?

DIANE, *avec un mouvement de tête douloureux.*

C'eût été le pardon... et il ne veut pas pardonner.

BLANCHE.

Ah ! il n'est pas raisonnable; depuis le temps... il y a prescrip-

* Blanche, Diane.

tion... et, d'ailleurs, puisque... l'autre est mort et enterré!... (Riant.) Ah! ah! ce n'est pas M. Tingrey qui serait capable de tuer ses rivaux. Vous me direz que M. Tingrey est très-occupé, et que le comte n'a que ça à faire.

DIANE, réprimant une envie de rire, et d'un ton de douloureux reproche.

Blanche!

BLANCHE, l'embrassant.

C'est un mot.

DIANE, avec une sorte de désespoir.

Non, voyez-vous, je ne puis plus vivre ainsi! (S'attendrissant.) Oh! si, pour me rendre la place que j'occupais jadis dans son cœur, il me demandait cinq années de ma vie, je les lui donnerais, Blanche.

BLANCHE.

Ah bien, moi, je marchanderais.

DIANE, avec un sanglot.

Ah! je ne rirais pas, moi, si tu me disais que tu souffres.

BLANCHE, entraînée et la serrant dans ses bras.

Diane... pardonne-moi! Tiens! je crois que je pleure.

DIANE, changeant de ton tout à coup, et avec un sourire étrange.

C'est donc bien ça?

BLANCHE, stupéfaite.

Que voulez-vous dire?

DIANE.

Je veux dire que je suis sûre de moi maintenant, et que M. le comte se prendra au piége, puisque Blanche Tingrey s'y est laissé prendre.

BLANCHE, riant malgré elle.

Ah! monstre! mais, alors, tout cela était donc un jeu? vous n'aimez plus le comte?

*Diane, Blanche.

DIANE.

Je ne l'ai jamais aimé.

BLANCHE.

Pourquoi l'avez-vous épousé, alors ?

DIANE.

Moi ? Je ne l'ai pas épousé... On m'a mariée à lui... voilà tout.

BLANCHE.

Mais madame Michelin avait donc deviné juste ?... et cette histoire... « A mon beau château ! » c'était donc, en effet, la vôtre ? (Diane fait signe que oui.) Oh ! je n'en savais pas tant, moi. Et, s'il en est ainsi... vous êtes très-intéressante, ma chère, et le comte a tous les torts. — Mais enfin quel but poursuivez-vous ? qu'est-ce que tout cela signifie ?...

DIANE.

Oh ! c'est fort simple allez... Vous l'avez dit : par mon contrat, j'avais la libre administration de tous mes biens, comme M. le comte avait la libre disposition de sa fortune... Eh bien, le comte possède encore toute la sienne... et moi... je n'ai plus rien.

BLANCHE.

Rien ?

DIANE.

Rien...

BLANCHE.

Quoi ! vos propriétés en Lombardie ?

DIANE.

Les trois palais qui me venaient de ma mère ? Ah ! les palais, tout d'abord, ont disparu dans le naufrage.

BLANCHE.

Mais l'autorisation de M. de Tourny vous était nécessaire ; il vous l'a donc donnée ?

DIANE.

Non, je l'ai eue.

BLANCHE.

Je ne comprends pas.

DIANE.

Il me l'avait refusée... mais j'ai fait préparer la procuration par son notaire et j'ai attendu... Un jour, le père de M. de Tourny était mourant, il demandait son fils... Le comte allait partir; alors, son valet de chambre, que j'avais gagné, lui a présenté l'acte parmi d'autres pièces, et, vous comprenez? dans la précipitation du départ...

BLANCHE.

Sans lire ?... Tiens, c'est un bon moyen... Et le comte n'a jamais su...?

DIANE.

Jamais.

BLANCHE.

C'est égal ! deux millions en cinq ans!

DIANE.

Mieux que cela.

BLANCHE.

Comment avez-vous pu faire?

DIANE.

Je n'en sais rien. .. Est-ce qu'on sait où passe l'argent? est-ce que vous le savez, vous? J'ai voulu lutter de magnificence et de folies avec la marquise d'Argelly, dont le luxe princier me donnait le vertige; pendant un grand mois, ses salons merveilleux avaient étincelé dans mes nuits, et ses attelages insolents galopé dans mes rêves... Alors, j'ai perdu la tête, et, pendant tout l'hiver, j'ai jeté l'or à pleines mains, sans compter; et, pour tant de sacrifices!... le monde m'a accordé un triomphe d'un moment... oui... j'ai régné une heure; mais, le lendemain, ma rivale était aussi triomphante que la veille, et, moi, j'étais complétement ruinée, plus que ruinée, même... Je dois deux cent quatre-vingt mille francs, et, si je ne les trouve pas d'ici à deux jours, on me vend ce qui me reste, mon hôtel, mes chevaux, mes bijoux, tout, tout!... alors, c'est la ruine, et pis encore : le ridicule!... et, plutôt que d'en arriver là, j'aimerais mieux, oh! j'aimerais mieux mourir!... Eh bien... le comte peut seul me sauver; mais je n'ai plus que cette nuit à moi, car le comte part demain, et .. (avec frémissement) si j'allais échouer !

BLANCHE.

C'est impossible... Allons, du courage! vous touchez au port.

DIANE.

Oui, si l'amour souffle dans les voiles.

BLANCHE *.

Eh! mon Dieu, il ne demande peut-être qu'à souffler... (Bas.) On vient. (Regardant.) C'est mon mari... Ah! je ne pouvais pas l'échapper. (Se ravisant.) Mais, au fait, j'y songe! oui, son exemple me gagne!... Je vais exiger un versement de fonds.

Les deux femmes se séparent. — Entrent Rose Michelin et Tingrey ; Rose va à Diane. — Tingrey court vers Blanche.

## SCÈNE V

LES MÊMES, TINGREY, ROSE.

TINGREY, avec un regard amoureux **.

Enfin, vous voilà!... depuis une heure, je vous cherche.

BLANCHE.

Pour quoi faire?

* Blanche, Diane.
** Blanche, Tingrey.

TINGREY.

Pourquoi?

BLANCHE.

Oui, enfin, que me voulez-vous?

TINGREY, *décontenancé.*

Je voulais vous dire, ma chère Blanche, que vous êtes ce soir plus attrayante que jamais.

BLANCHE, *dédaigneuse.*

Et c'est pour cela que vous avez tant couru?

TINGREY, *avec élan.*

Oui, d'honneur!... vous êtes belle aujourd'hui à rendre Vénus jalouse!

BLANCHE.

Qu'est-ce que c'est? un bouquet à Chloris? Tenez, offrez ça à cette dame là-bas, qui a des varechs dans les cheveux... Elle collectionne les madrigaux et les timbres-poste.

TINGREY *.

Riez, riez, méchante! mais, je vous le jure, quand je vous ai vue entrer dans le bal, toute resplendissante de beauté! de jeunesse!... mon sang n'a fait qu'un tour... et m'a reflué au cœur.

BLANCHE, *gravement.*

Au lieu de me débiter vos sornettes, monsieur, vous feriez bien mieux de vous informer un peu de l'état de mes finances.

TINGREY, *un peu refroidi.*

Mais il me semble...

BLANCHE.

Il vous semble! il vous semble! Il me semble, à moi, que je suis dans la plus profonde misère...

* Tingrey, Blanche.

TINGREY.

Oh!

BLANCHE.

Enfin, monsieur, il n'y a plus un louis dans ma caisse... et on ne m'en a pas pris; elle ferme trop bien.

TINGREY.

La belle avance!... vous avez fait mettre une serrure Fichet à la cuve des Danaïdes.

Il rit.

BLANCHE.

Ah! c'est ainsi que vous faites droit à mes justes réclamations?

TINGREY.

Blanche!

BLANCHE.

Allez, allez, monsieur, je ne vous connais plus.

TINGREY.

Voyons... voyons... calme-toi!...

BLANCHE.

D'abord, je vous défends de me tutoyer.

TINGREY, interdit.

Comment! tu me...? (A part.) Elle est encore plus jolie dans la colère. (Haut.) Voyons, de quoi s'agit-il? de quelque fantaisie?... de quelque parure nouvelle? Eh bien, je m'en charge.

BLANCHE.

Oui, oui, je vous connais, vous! vous faites faire ça dans les prisons.

TINGREY.

Les prisons?

BLANCHE, *tapant du pied.*

Voyons, dépêchons-nous; la Bourse va fermer... Il me faut quarante mille francs.

TINGREY, *sautant.*

Quarante mille francs?

BLANCHE.

C'est à prendre ou à laisser.

TINGREY.

Je garde.

BLANCHE.

Ah! vous gardez?

TINGREY, *se reprenant.*

C'est-à-dire non... puisque je ne les ai pas.

BLANCHE.

Vous n'avez pas quarante mille francs? et vous osez l'avouer?

TINGREY.

On ne fait pas d'affaires en ce moment... Mais écoute : le jeu m'est favorable ce soir; je sens que je dois gagner des sommes folles. Eh bien, je te mettrai dans mon gain.

BLANCHE, *haussant les épaules.*

Il est écrit que vous ne ferez jamais les choses qu'à moitié!

TINGREY.

Eh bien, je te donnerai tout... foi de Tingrey! tout ce qui entrera ce soir dans mon portefeuille sera pour toi.

BLANCHE.

Tenez, vous êtes un arabe!

*Elle lui tourne le dos.*

TINGREY, *se reprenant, et à part.*

Ouf!... l'affaire a été rude!

## SCÈNE VI

LES MÊMES, LE COMTE, puis UN DOMESTIQUE et ensuite ROBERT et JULES, puis BUZANÇOIS.

Blanche est allée au-devant du comte et se promène avec lui dans le fond. — Diane et Rose Michelin ont gagné la droite. — Tingrey s'asseoit à gauche ; un domestique entre par le fond, du côté de la terrasse, et va auprès de Blanche.

LE DOMESTIQUE *.

Quelqu'un est là qui désirerait parler à madame de Tourny.

BLANCHE.

Madame de Tourny?... Mais elle... (L'apercevant.) Tenez, la voilà !

DIANE.

Qu'y a-t-il ?

LE DOMESTIQUE, avec un peu d'embarras.

Un hôtelier qui, à ce qu'il paraît, a eu l'honneur de recevoir chez lui madame la comtesse.

DIANE **.

Bon, bon, je sais. (Riant en s'adressant à Rose.) Eh bien, le brave homme ne manque pas d'aplomb ! Il faut le recevoir...

ROSE, riant.

D'abord, il est dans son droit, nous lui devons de l'argent.

DIANE, au domestique.

Faites entrer.

* Tingrey, le domestique, Blanche, le comte.
** Tingrey, le domestique, Diane, Rose, Blanche, le comte.

BLANCHE.

C'est égal, sa confiance en nous est mince, à ce qu'il paraît, car il n'a pas perdu de temps.

Les femmes rient. — Le domestique introduit Robert et Jules. Tous deux ont une toilette irréprochable.

DIANE, sans se retourner, non plus que les autres.

Approchez... (Tous deux s'avancent.) Vous m'apportez votre note ?

ROBERT *.

Oui, madame. (S'inclinant devant elle.) C'est dix francs quatre-vingt-dix centimes.

DIANE, avec un cri de surprise.

Ah !

Même jeu des deux autres.

LE COMTE, qui causait avec Rose, relevant la tête.

Robert !...

JULES, saluant Blanche.

Ces dames n'oublieront pas le garçon.

Les jeunes femmes se sont levées avec embarras.

LE COMTE.

Comment ! c'est toi ?... Mais il y a un siècle que je ne t'ai vu! que deviens tu donc ?

ROBERT.

Je tiens une posada sur la côte normande... à la renommée des omelettes.

BLANCHE, n'y tenant plus et éclatant de rire.

Ah! la bonne histoire !... (Rose éclate de rire à son tour, Robert rit plus fort qu'elles.) Excusez-nous, monsieur... mais la vie est si uniforme ici, que le plus léger incident...

* Tingrey, Diane, Robert, Jules, Blanche, Rose, le comte.

ROBERT, *gravement.*

Robert Préault traité de brave homme du haut en bas; vous appelez cela un petit incident, madame?

DIANE *.

Ah! c'est vrai... je me souviens.

JULES, *se dandinant.*

Vous m'avez même envoyé à l'écurie.

DIANE.

Oui...

*Les rires redoublent.*

ROSE.

Eh bien, comtesse, il n'y a que vous qui ne riez pas.

DIANE.

Pardonnez, mais je suis très-souffrante.

ROBERT.

Ah! mon Dieu!... J'espère, madame, que ce n'est pas ma piquette qui est cause...?

DIANE, *souriant douloureusement.*

Non, monsieur, ça date de plus loin... C'est là... au cœur... ça a je crois un nom latin. La Faculté m'a même prédit que je mourrais au milieu d'un éclat de rire.

ROBERT, *jouant l'effroi.*

Et moi qui ai amené mon neveu!

ROSE, *bas, à Robert.*

Ne plaisantez pas, monsieur, cela est très-sérieux.

LE COMTE, *qui s'est avancé* **.

Maintenant, mon cher Robert, permets-moi de te présenter

* Tingrey, Diane, Robert, le comte, Blanche, Jules, Rose.

** Rose, Diane et Tingrey, au deuxième plan; Robert, le comte, Blanche, Jules, Rose.

plus officiellement... Mesdames, M. Robert Préault, un de mes bons amis... jadis fort mauvais sujet.

ROBERT.

Le comte me flatte, je vous jure.

LE COMTE, à Blanche et à Rose Michelin.

Il fut même un temps où une femme était compromise rien que pour lui avoir adressé la parole.

ROSE, minaudant.

Et monsieur, je gage, trouvait tout de même à qui parler?

ROBERT.

Mais... la conversation ne languissait pas trop, madame, je vous remercie. (A Jules.) Charmante, la blonde.

JULES, bas et lorgnant Blanche *.

Et la brune, donc! Voilà un galbe!...

ROBERT, à Jules

A ton tour. (Prenant la main de Jules.) Mesdames, j'ai l'honneur de vous présenter M. Jules Rozières... Il mène à ravir le cotillon... et le cotillon le lui rend bien ; garçon précieux en petit comité, il tire admirablement les cartes et joue aux dominos à l'envers.

BLANCHE, souriant.

Est-ce que monsieur pourrait dire aussi quelle est la personne la plus amoureuse de la société?

ROBERT.

Réponds, Jules!

JULES, faisant la roue.

Oui, madame, et sans crainte de me tromper. La personne la plus amoureuse de la société, c'est moi.

Il lui baise la main. Mouvement de Tingrey.

* Tingrey, au fond; Rose, Diane, Robert, Jules, Blanche, le comte.

BLANCHE.

Mais c'est une déclaration, ceci.

JULES, gracieusement.

Tout bonnement.

TINGREY, à part.

Ah! mais...

Il s'agite sur sa chaise. — Blanche, qui a remarqué l'émotion de Tingrey, descend en riant.

JULES, la suivant *.

Qu'est-ce qui vous fait rire, madame ?

BLANCHE, se remettant.

Ah! c'est que je pense qu'hier vous étiez moins... à votre aise... oui, vous étiez... comment dirai-je? tout...

JULES.

Interdit!... n'est-ce pas ? (Enchanté de son mot.) Je l'étais, en effet... j'étais interdit; mais, après votre départ, j'ai reçu l'avis que j'avais gagné en appel, j'ai maintenant la jouissance de ma fortune... Ce matin, j'ai couru au Havre, chez le correspondant de mon banquier... et je l'ai dévalisé... (Frappant sur son cœur.) Il m'a farci de billets de mille.

BLANCHE, à part.

Des marrons auraient suffi.

JULES.

J'en ai été sevré depuis si longtemps, que je me sens des démangeaisons terribles de les jeter par la fenêtre... J'achèterais le monde, aujourd'hui.

ROSE à Diane, souriant.

Comtesse, profitez donc de cette occasion pour vous défaire de votre pigeonnier de Frégel, où vous n'allez jamais.

* Tingrey, au fond ; Rose, Diane, Blanche, Jules, le comte, Robert ; Buzançois, dans le deuxième salon.

DIANE fait un mouvement.

Frégel !

Buzançois, qui était près de la table de whist, descend précipitamment.

BUZANÇOIS, troublé *.

Si monsieur veut une propriété, je me charge de lui en trouver une, moi.

Il jette un regard sur Diane.

JULES.

Oh! rien ne presse!...

ROBERT, qui a remarqué la double émotion de la comtesse et de Buzançois.

C'est assez bizarre... cette émotion... au nom de Frégel... Il doit y avoir un secret là dedans.

En ce moment, on voit Marie passer rapidement au fond.

LE COMTE, l'apercevant, à part.

Madame Bernier!... Oh ! il faut absolument que je lui parle!

Il entre dans les salons.

JULES, à Robert, bas **.

Je crois que je ne déplais pas à madame Tingrey... Qu'elle est belle!... Oh ! voyez-vous, mon oncle, il n'y a que les femmes du monde!... ça fait honneur et ça ne coûte rien...

ROBERT.

Tu crois ?

JULES.

J'en suis déjà fou!...

Il va auprès de Blanche et commence à faire la roue. Rose est avec Diane, Tingrey et ses deux partners au jeu. — Henri entre par le fond.

* Rose, Diane, Buzançois, Jules, le comte, Blanche, Robert; Tingrey, au fond.

** Tingrey, Diane, au fond; Jules, Robert, Rose, Blanche, Buzançois et Henri, dans le second salon.

## SCÈNE VII

LES MÊMES, hors LE COMTE; HENRI.

HENRI, courant à Robert *.

Ah! te voilà enfin!

Il le tire à l'écart.

ROBERT, à voix basse.

Eh bien, où en es-tu?

HENRI, avec chagrin.

Eh! je suis moins avancé que jamais; ce qu'elle me témoigne à cette heure, ce n'est pas seulement de l'indifférence, cela ressemble à de la haine.

ROBERT.

Alors, c'est un portrait de l'Amour.

HENRI, secouant la tête.

Tiens, ce soir, j'ai saisi les moindres prétextes pour me rapprocher de Marie, et, sous les moindres prétextes aussi, elle m'a évité, elle m'a fui.

ROBERT.

Enfin, vous croisiez, comme disent les marins... Va, va, elle aura beau faire, je te l'ai dit ; quand les brebis s'en mêleront, et nous les mettrons avec nous... Tu connais l'histoire d'Aristide? Ce qui l'a perdu, c'est qu'on avait trop parlé de sa justice aux Athéniens... Eh bien, moi, je vais parler de la vertu de Marie aux Athéniennes... Tu vas voir **... (S'adressant à Diane.) Mais, à propos, comtesse, en vérité, je ne sais où j'avais la tête pour avoir pu

* Diane et Tingrey, au fond, Robert, Henri, Blanche et Jules.

** Henri, Diane, Robert, Blanche, Jules; Tingrey, au fond.

oublier de demander des nouvelles de la jeune dame qui vous accompagnait hier, madame Bernier, je crois?

Diane incline la tête.

ROBERT, avec enthousiasme, mais de façon à ne pas être entendu de Blanche qui devise avec Jules.

L'adorable personne!... quelle pureté dans son regard!... que de chasteté sur son front! que de pudeur dans ses moindres gestes! Ah! l'on doit être bien fier de l'avoir pour sœur, et bien heureux de l'avoir pour femme.

DIANE, avec un mauvais sourire, et se levant.

Oh! elle n'a pas volé sa réputation. Elle ne vole que les héritages.

Elle lui tourne le dos, et s'éloigne.

ROBERT, à Henri.

Voilà!... à une autre!

## SCÈNE VIII

LES MÊMES, hors DIANE.

ROBERT, à Blanche.

Pardon, madame... est-ce que nous n'aurons pas le plaisir de voir madame Bernier, ce soir?

BLANCHE.

Plaît-il? Ah! Marie? Mais elle était dans les salons tout à l'heure.

ROBERT, sur le même ton que précédemment.

L'adorable personne!... quelle pureté dans son regard!... que de chasteté sur son front! que de pudeur dans ses moindres

* Henri, Robert, Blanche, Jules; Tingrey, au fond.

gestes! ah! l'on doit être bien fier de l'avoir pour sœur, et bien heureux de l'avoir pour femme!

BLANCHE, avec impatience.

Certes! son mari était même si heureux, qu'il est allé le dire à Rome.

Elle prend le bras de Jules et s'éloigne. Presque aussitôt, et pendant les premiers mots de Robert, Tingrey quitte le jeu et suit Jules et sa femme.

ROBERT, bas, à Henri *.

Ça y est!... (S'éloignant à droite.) A cette heure, madame Bernier est déjà marquée d'une croix rouge. Encore un peu et vienne une occasion, les brebis se mettront à l'œuvre. Oh! je les connais, va! « C'est moi qui fus Guillot, berger de ce troupeau. » Elles sauront tirer de leur arsenal mille arguments spécieux, elles trouveront moyen de poétiser la chute, de railler le devoir!... elles allumeront la fièvre du mal dans ce cœur pur, la soif de l'inconnu dans cette âme hésitante, elles en chasseront la famille, elles en retireront Dieu lui-même!

HENRI, avec élan.

Oh! mais je ne voudrais pas de Marie à ce prix-là. Je ne la veux pas déchue, tombée. Je la veux toujours telle que tu la dépeignais tout à l'heure, avec son regard pur, son front chaste.

ROBERT.

Alors, tu ne la veux pas?

HENRI.

Oui... c'est vrai... Je deviens fou! Je ne sais plus ce que je dis... mais ce que je sais bien, c'est que je ne puis vivre sans elle. Je vais encore tâcher de la rejoindre, de lui parler; et si, comme toujours, elle refuse de m'entendre, eh bien... je lui écrirai... Adieu...

* Henri, Robert.

ROBERT.

C'est ça, va croiser.

Henri sort vivement.

ROBERT, voyant Rose qui revient.

Moi, je monte à l'abordage.

Il s'approche de Rose, qui se recoiffe devant la glace de la cheminée.

## SCÈNE IX

ROBERT et ROSE puis BLANCHE et JULES, ensuite TINGREY.

ROBERT.

Vous n'avez pas besoin de regarder, je vous assure que vous êtes très-jolie.

ROSE, coquetant.

Vous le signeriez ?

ROBERT.

Oh ! des deux lèvres !

ROSE, rougissant.

Monsieur !

ROBERT, étonné.

Quoi donc? (Regardant le bouquet que Rose avait déposé sur le canapé.) Oh ! le charmant bouquet ! il est d'une originalité...

ROSE.

Ce n'est pas un bouquet de bal. Sachant que toutes ces dames auraient un bouquet de roses, j'ai voulu me singulariser. Alors, j'ai écrit à une de mes amies qui a des serres magnifiques, et elle m'a envoyé ce buisson-là.

* Rose, Robert.

ROBER , qui compulsait les fleurs.

Oh ! c'est singulier !

ROSE.

Quoi donc ?

ROBERT.

Ce sont toutes fleurs parlantes que vous avez là. Voulez-vous me permettre d'en cueillir une ?

ROSE, hésitant.

Mais...

ROBERT.

Tenez, seulement cette branche d'aubépine.

ROSE.

Pourquoi cette fleur-là ?

ROBERT.

Parce qu'elle signifie : « Espérance. »

ROSE, retirant son bouquet.

Vous faites bien de me le dire.

ROBERT.

Vous me refusez ?

ROSE.

Mais assurément, monsieur. Prenez-en une autre. Tenez, celle-ci, par exemple.

ROBERT.

Acacia ? Amour platonique ! merci.

ROSE, troublée.

Ah ! monsieur !

ROBERT, étonné.

Eh bien, quoi donc ?

Ils causent bas.

BLANCHE, rentrant avec Jules, et continuant la conversation commencée*.

Comment! monsieur, vous n'avez pas même une écurie de course?

JULES.

Mon Dieu, non. J'allais m'occuper de ce détail important quand mon maudit conseil judiciaire... Jusque-là, j'avais été si occupé...

BLANCHE.

Oui, auprès de mademoiselle Hélène Potichon.

JULES, avec nonchalance.

Ah! vous connaissez...?

BLANCHE.

Très-peu!... de réputation seulement; j'étais à sa dernière vente. J'y ai même acheté ce bracelet.

JULES, avec un mouvement.

Oh! un bracelet que je lui avais donné, avec un exergue en diamants.

BLANCHE.

Les diamants ne font rien à l'affaire, et, quant à l'exergue... eh bien... (regardant son bracelet), il dit : « Dieu vous garde! » Il ne dit pas : « Gardez-moi. »

Jules s'efforce de rire. — En ce moment, Rose se lève tout à coup.

ROSE, avec confusion.

Ah! monsieur...

Elle s'éloigne.

ROBERT, étonné, à part**.

Eh bien, quoi donc? (Se levant.) Quelle drôle de petite femme!... Tantôt hardie, tantôt timide... Ah çà! décidément... est-ce un cantique ou une chanson à boire?... Ah! je le saurai!... Tiens, mon neveu qui fait des économies.

* Rose, Robert, Blanche, Jules.

** Robert, Blanche, Jules; Tingrey, au fond.

BLANCHE.

Pour en revenir... à nos pur-sang...

TINGREY, rentré depuis un instant et qui écoutait avec satisfaction, à part.

Ah! ils sont sur le turf.

BLANCHE, continuant.

Je disais qu'il vous faut une écurie de courses...

Robert écoute.

JULES.

Oh! mais certainement, certainement!... On n'est pas complet sans ça... et c'est bien mon intention... Seulement, vous comprenez, j'attends une occasion... Je crois pardieu bien qu'il me faut une écurie de...

TINGREY, à Jules *.

Eh bien, je puis déjà vous procurer trois excellents coureurs... moi; trois chevaux de race...

JULES, surpris.

Ah!...

TINGREY.

Du reste, vous les connaissez?... Bulle-de-Savon, Cascade et Télégramme, qui appartenaient au feu duc d'Espars... Vous pouvez donc acheter cheval en poche.

JULES, très-contrarié.

En effet... en effet...

TINGREY.

Je vous les cède au prix qu'ils m'ont coûté, bien entendu... quarante-cinq mille francs...

JULES, sautant.

Quarante-cinq mille francs!...

* Robert, Blanche, Tingrey, Jules.

ROBERT, à part.

Il va bien, mon neveu!

BLANCHE, à Jules.

Voilà l'occasion que vous attendiez.

JULES.

Oh! certainement; mais... je ne voudrais pas priver M. Tingrey.

TINGREY.

Ça ne me prive pas du tout. Je ne veux plus d'écurie. J'en suis revenu, des courses.

JULES.

Alors, s'il en est ainsi...

TINGREY.

Vous tenez à terminer tout de suite... vous avez peur que je ne me dédise!... Allons, je vais vous rassurer... Tenez... (écrivant sur une page de son portefeuille qu'il déchire pour la lui donner), voilà un mot avec mon adresse, vous n'aurez qu'à le faire tenir à mon chef d'écurie Bodson, et mes coureurs vous seront livrés; la! êtes-vous tranquille maintenant?

JULES, on ne peut plus vexé.

Monsieur... en vérité, je suis confus... (Tirant aussi son portefeuille.) Permettez-moi alors...

TINGREY, qui tient toujours le sien ouvert.

Rien ne presse.

JULES, se redressant.

Je vous en prie...

TINGREY.

Ah !...

ROBERT.

Il va très-bien.

JULES.

Voilà la somme, monsieur.

Il sourit et lui remet les billets de banque, salue, passe la main dans ses cheveux, fait une pirouette, et remonte en chantonnant.

ROBERT, bas, à Jules *.

Les femmes du monde, ça fait honneur, et ça ne coûte rien...

JULES, bas.

Merci... Quarante-cinq mille francs, en cinquante minutes !... Mon oncle, je retourne demain à Paris.

ROBERT, riant.

C'est une idée !

Il remonte au fond. Tingrey a compté ses billets ; au moment où il va remettre son portefeuille, chargé, dans sa poche, Blanche lui arrête le bras d'une main.

BLANCHE, à demi-voix.

Pardon ! pardon ! « Tout ce qui entrera ce soir dans ce portefeuille sera pour toi. »

Elle l'enlève de l'autre main.

TINGREY.

Permettez, permettez, madame, pas de plaisanterie ; mon portefeuille !

Blanche met le tout dans sa poche.

* Robert, Jules, Blanche, Tingrey.

BLANCHE, avec menace.

Prenez garde, monsieur, je vais vous le rendre!

TINGREY, vivement.

Voyons, voyons, ne te fâche pas... garde... garde tout...; mais à l'avenir, j'espère du moins... que...

BLANCHE.

Après?...

TINGREY, embarrassé.

Enfin... il me semble que cela vaut bien un sourire de tes beaux yeux...

BLANCHE, souriant très-gracieusement.

C'est juste. (Puis tout à coup reprenant son visage ordinaire.) Je ne vous dois plus rien.

TINGREY, sautant.

Oh!...

Blanche remonte en riant.

ROSE, rentrant, et d'un air éveillé *.

Eh bien, monsieur..., cette valse que vous avez paru désirer?

ROBERT.

Mon Dieu, madame, je n'osais pas la réclamer; vous avez été si sévère pour moi.

BLANCHE.

Sévère?

ROSE, après un mouvement, éclatant de rire et lui donnant un brin de son bouquet.

Voyons, ne pleurez plus...

* Tingrey, Robert, Rose, Blanche, Jules.

ROBERT, à part, regardant la fleur.

De l'aubépine ?... C'est une chanson à boire...

Ils remontent.

BLANCHE, à Jules.

Monsieur Rozières, la valse commence, voici ma main.

JULES.

Ah ! madame... (Haut.) C'est égal, quarante-cinq mille francs, c'est cher... Je regrette Hélène.

Tous sortent. — Marie entre par la droite.

## SCÈNE X

MARIE, puis LE COMTE.

MARIE *.

M. Gérard a perdu ma trace ; je suis seule enfin! et je puis respirer librement ; je ne sentirai plus planer sur moi ce regard qui me brûle.

En ce moment, le comte paraît au fond.

LE COMTE, à part.

La voilà !

MARIE, l'apercevant.

Le comte !... depuis quelques jours, lui aussi a bien souvent fixé ses regards sur moi... Soupçonnerait-il... ?

LE COMTE, s'inclinant.

Vous avez donc fui le bal, madame ?

MARIE, tâchant de se remettre.

Oui, monsieur le comte, ces lumières, cette foule... J'avais la tête en feu !

* Marie, le comte.

LE COMTE.

Me permettez-vous de vous tenir compagnie? (Marie s'incline à son tour.) Je dois vous confesser, madame, que je bénis ce malaise passager; car j'avais presque perdu l'espoir de me trouver un instant seul avec vous avant mon départ, et...

MARIE, troublée.

Il est donc vrai que vous nous quittez, monsieur?

LE COMTE.

Oui, madame; dans quelques heures, il me faudra vous faire mes adieux et... pardonnez à mon amitié la brusquerie de cette confidence... je voudrais, en m'éloignant d'ici, pouvoir emporter la certitude que ma dernière minute passée près de vous n'aura pas été stérile pour votre repos présent et votre bonheur à venir.

MARIE, de plus en plus troublée.

Je ne vous comprends pas, monsieur.

LE COMTE.

Alors, pourquoi vos yeux évitent-ils les miens? pourquoi votre main s'éloigne-t-elle de la mienne?

MARIE.

Monsieur le comte...

LE COMTE.

Encore une fois, madame, pardonnez-moi d'avoir osé violer le sanctuaire de votre âme pour en pénétrer les mystères. (Mouvement de Marie. Le comte continuant, et avec tendresse.) Vous le savez, il y a dans la vie de ces exemples d'attachement spontané, involontaire; on se croise un jour au bois, au théâtre ou sur la plage, avec une femme que l'on n'a jamais vue, et tout votre être la reconnaît. C'est l'idéal rêvé! l'étoile poursuivie! l'âme vraiment sœur de votre âme! la créature pour laquelle on aurait voulu se dévouer, se sacrifier! A cette heure souvent unique dans la vie, où tout homme, devenu meilleur, a soif de dévouement et de sacrifice...

eh bien..., quand cette heure sonnait pour moi, c'est à vous que j'ai pensé, madame; permettez-moi donc de vous défendre, permettez-moi de vous protéger.

MARIE, à part.

Je ne me trompais pas. Il a tout deviné.

LE COMTE.

Ouvrez-moi votre cœur, Marie; votre cœur si chaste et si pur encore! vous n'avez pas à rougir devant moi qui pourrais être votre père et qui vous aime comme si vous étiez ma fille. Parlez donc... (Sur un mouvement *.) Eh bien, non, je parlerai pour vous, car je sais tout ce que vous pourriez me dire. Écoutez donc, Marie. Je vais vous parler comme si j'étais votre père. (Lui prenant la main.) Écoute, mon enfant. (A demi-voix.) Tu es belle!... tu es jeune!... beaucoup te l'ont dit, et, ceux-là, tu ne les as pas écoutés ou tu as souri; mais... un autre est venu... (Sur un nouveau mouvement de Marie.) Je ne le connais pas! je ne veux pas le connaître! Il n'a murmuré qu'un mot, mais ce mot, tu l'as retenu, et il résonne encore à ton oreille charmée; car ce mot a bouleversé ton cœur, si bien que, de jour en jour, ta pensée s'éloigne davantage de celui qui devrait l'occuper tout entière.

MARIE.

Mais, monsieur le comte!

LE COMTE.

Oui, pauvre enfant, je sais tous ses torts envers toi, et mes reproches sont partis hier, car je me suis permis de lui en adresser, et bientôt, j'en suis sûr, il viendra, repentant, s'agenouiller devant ta justice. Eh bien, songes-y, ma douce Marie, un juge doit être sans reproche, et, pour que tu aies le droit de pardonner, il faut que tu puisses tendre un front innocent aux lèvres du coupable. Ainsi, crois-moi, sois sourde aux conseils qui te prêcheront peut-être les représailles de l'amour. Les femmes honnêtes, vois-tu,

* Le comte, Marie.

n'ont qu'un moyen de se venger de ceux qui ont failli, c'est de ne pas faillir elles-mêmes.

MARIE, avec élan et lui tendant la main.

Merci, je me souviendrai.

LE COMTE.

Vous me rendez bien heureux, Marie! et maintenant, je partirai tranquille.

Il baise Marie au front; elle le salue une dernière fois et sort par le fond à gauche. — Diane est entrée sur les derniers mots de la scène.

## SCÈNE XI

### LE COMTE, DIANE *.

Lorsque le comte, en quittant Marie, se retourne du côté de Diane, il voit celle-ci chanceler et s'appuyer contre un meuble.

LE COMTE, allant à elle.

Qu'avez-vous donc, madame ?

DIANE, la main sur son cœur.

Oh! je viens de ressentir encore une douleur horrible...

LE COMTE.

Je vais faire prévenir le médecin.

DIANE.

Non... Merci, monsieur le comte!... c'est inutile; ces sortes de maladies doivent accomplir fatalement leur révolution... comme les astres.

LE COMTE.

Permettez-moi de croire qu'il n'en est pas tout à fait de même, et que, si vous pouviez vous résigner à changer votre façon de vivre...

* Diane, le comte.

DIANE.

Que voulez-vous dire?

LE COMTE.

Mais... que cette vie de fêtes continuelles vous est fatale, madame. Vous frissonnez? Je vais fermer cette fenêtre.

DIANE, *avec un triste sourire.*

Oh! ce n'est pas le vent du soir qui fait courir ce frisson dans mes veines. (*Après un temps.*) Ce mal a des effets singuliers... Quand il m'étreint le cœur, je sens mes tempes prises comme dans un étau... il me semble que je vais devenir folle, et, si cela me prend quand je suis seule, et... (*tristement*) je le suis presque toujours, je me trouve en proie à des terreurs... intraduisibles! le silence m'épouvante; j'ai besoin d'entendre une voix humaine.

LE COMTE, *froidement.*

Dans ces cas-là, il faut sonner vos femmes.

DIANE.

C'est ce que je fais... quelquefois... car je n'ose pas toujours; ces accès sont si fréquents! depuis quelques mois surtout! J'ai pitié de leur sommeil; je sais si bien ce que cette privation fait souffrir... Ah! je crois vraiment que vous avez raison, monsieur le comte, et que je dois renoncer tout à fait au monde; car, je m'en aperçois bien (*avec intention*), toute émotion avance l'heure, et je ne suis pas prête pour le départ. (*Avec des larmes contenues.*) Je n'ai pas encore fait assez pénitence. (*Elle a un nouveau mouvement de douleur, et, en se retenant au comte, elle l'entraîne auprès d'elle sur la causeuse. Au comte, qui veut dégager la main qu'elle a saisie, et avec prière.*) Oh! laissez-moi votre main! qu'est-ce que cela vous fait? (*Le comte reste immobile. — Après un temps, et se penchant à demi vers le comte.*) Savez-vous ce qui a causé en moi tout à l'heure cette émotion douloureuse que je n'ai pas eu la force de cacher?

LE COMTE, *ses yeux dans les siens.*

Non.

DIANE, *douloureusement.*

Vraiment?

LE COMTE.

Pas le moins du monde.

DIANE.

Alors, je ne vous le dirai pas. (*Après un temps, et avec une indifférence jouée.*) Vous étiez avec madame Bernier quand je suis entrée?

LE COMTE.

Oui, madame... Je prenais congé d'elle.

DIANE, *essayant un sourire.*

Je sais... L'écho m'a apporté le bruit de vos adieux.

LE COMTE.

Je ne lui avais pas recommandé le secret. Madame Bernier peut marcher la tête haute avec mon baiser sur le front.

DIANE, *avec une sorte de rage désespérée.*

Mon Dieu! mon Dieu!... mais combien de temps cette vie-là doit-elle donc durer ?

LE COMTE.

Je ne puis vous le dire, madame; j'ignore le nombre d'années que Dieu doit nous compter encore.

DIANE.

C'est donc une condamnation sans appel? (*Le comte ne répond rien.*) Ah! vous ne serez pas implacable!... Dieu a bien pardonné, lui, à la femme adultère.

LE COMTE.

Que Dieu vous pardonne!

DIANE, *éclatant en sanglots, et avec passion.*

Georges! Georges!

LE COMTE, froidement.

Décidément, combien devez-vous donc, madame? (Elle le regarde effarée. — Continuant.) Deux cent quatre-vingt mille francs, m'a-t-on dit ; suis-je bien informé? En ce cas, il vous restera vingt mille francs pour payer votre dot dans un couvent ; car mon banquier a reçu, ce matin, l'ordre de vous en compter trois cent mille.

DIANE, même jeu *.

Monsieur le comte!...

LE COMTE.

Je sais tout, madame, j'ai tout appris de la bouche même de l'un de vos créanciers; mais il s'agit d'autre chose. Écoutez-moi bien. Ma fortune, entendez-vous, n'ira pas s'engloutir dans le gouffre où s'est déjà engloutie la vôtre. Cette fortune, mes pères l'ont reçue du pays pour prix de leurs services, et, comme je veux qu'il soit fait après moi un honorable usage de cette fortune honorablement gagnée, je la laisserai à la femme qui, se voyant trahie, ruinée par une courtisane, a cependant conservé pur le nom de l'homme qui l'avait ruinée, trahie! Je vais donc instituer pour ma légataire universelle madame Marie Bernier.

Diane a tout écouté, l'œil fixe, hagard ; — au nom de Marie, il passe un éclair de fureur dans ses yeux.

DIANE, à part.

Elle!... elle!...

Elle déchire son mouchoir avec ses dents.

LE COMTE.

Eh bien, je vous aime mieux ainsi. Cette pauvre enfant!... vous voudriez bien pouvoir la déchirer comme vous déchirez cette dentelle, n'est-ce pas? vous voudriez bien surtout pouvoir allumer dans son cœur les fatales passions qui dévorent le vôtre. Mais, croyez-moi, ne tentez rien. Vous perdriez vos leçons, car je l'ai prémunie contre vous et les vôtres,

* Le comte, Diane.

DIANE, bondissant.

Monsieur le comte!

LE COMTE.

Oh! pardon... Maintenant, un conseil! Ne pouvant nuire à Marie, vous voudrez peut-être vous venger sur moi, mais prenez-y garde; souvenez-vous que vos préférences portent malheur à ceux qui en sont l'objet, et que mon épée sait faire des couronnes d'immortelles avec vos bouquets de bal. Adieu, comtesse!

Il salue et remonte.

DIANE, à part.

Oh!... on ne meurt pas de rage!

## SCÈNE XII

LES MÊMES, TOUT LE MONDE *.

Tous les personnages sont rentrés peu à peu, pendant la fin de cette scène, dite à voix basse. Les groupes se sont reformés au fond et sur la terrasse.

BLANCHE, bas, à Diane.

Qu'est-ce qu'il y a donc?

DIANE, les dents serrées.

Il y a que M. le comte de Tourny a résolu de léguer toute sa fortune à Marie Bernier.

BLANCHE.

Bah!... Et... cette fortune, est-ce à sa beauté qu'il la donne?

DIANE, amèrement.

Non : c'est à sa vertu!

BLANCHE, riant.

Tout n'est pas perdu, alors.

* Henri, Robert, Rose, Diane, Blanche, Jules; le comte et Buzançois, au fond.

DIANE.

J'y compte bien !

ROSE, accourant.

Mesdames, mesdames, apprêtons notre offrande, on va quêter pour nos naufragés ; j'ai vu les pauvres orphelins ! ils sont en bas, sur la plage. Les bons yeux ! les bonnes joues !... un peu barbouillés, mais c'est égal.

Elle s'essuie furtivement les yeux.

ROBERT, à demi-voix.

Mais c'est une larme, ceci.

ROSE, éclatant de rire.

Eh ! non. C'est l'eau de mer.

ROBERT, à part.

Quelle drôle de petite femme * !

Pendant ce qui précède, Buzançois est entré et un domestique lui a remis une bourse ; il va la tendre à Diane. Le comte la lui prend des mains.

BUZANÇOIS.

Mesdames !

LE COMTE.

Pardon, monsieur Buzançois. (L'offrant à Marie.) Madame !

MARIE, honteuse.

Monsieur le comte, un tel honneur à moi !... je dois le refuser.

LE COMTE, insistant.

La charité vous le défend.

Il lui donne la bourse ; Rose la débarrasse de son bouquet de bal qu'elle pose sur la cheminée.

MARIE **.

Mesdames, je devine pourquoi M. le comte m'a choisie ; il a pensé que l'orpheline devait quêter pour les orphelins.

* Henri, Robert, Rose, Marie, Buzançois, Diane, Blanche, Jules.
** Henri, Robert, Rose, le comte, Marie, Diane, Blanche, Jules ; Buzançois, au fond.

ROBERT, à part.

Oui, va, pauvre petite, tu as beau te débattre... (Bas, à Henri, en lui désignant Diane et Blanche.) Le comte avance nos affaires.

Apercevant Henri, qui vient de glisser une lettre dans le bouquet de Marie, qui elle-même s'en est aperçue.

ROBERT, bas.

Que fais-tu donc ?

HENRI, bas.

Silence !

DIANE, à part.

Une lettre dans le bouquet de Marie.

ROBERT, à Henri.

Madame Bernier t'a vu, j'en suis sûr.

HENRI, bas.

Tant mieux ! Comme cela, je saurai à quoi m'en tenir.

Un domestique a apporté le pardessus du comte.

LE COMTE, bas, à Marie, en lui donnant son offrande.

Courage et adieu !

Elle le salue, il s'éloigne.

BLANCHE, bas *.

Le comte va partir ?

DIANE, regardant Marie.

Oui. (A part.) Marie a vu comme moi l'action de M. Gérard.

BUZANÇOIS, au fond.

Oui, mesdames, l'orchestre a l'ordre d'exécuter un cotillon pour finir.

ROBERT, à Jules, qui semble accablé.

Un cotillon ? Voilà ton affaire.

* Henri, Robert, Rose, le comte, Marie, Buzançois, Diane, Blanche, Jules.

JULES, à part.

Il me coûte bon !

Marie a fini de quêter, elle remet la bourse à Buzançois.

JULES, s'inclinant.

Madame daignera-t-elle... ?

DIANE, vivement *.

Non... madame Bernier est fatiguée... elle ne rentrera pas dans le bal... Ah ! j'en suis fâchée, monsieur, mais, en partant, M. le comte me l'a confiée.

BLANCHE, avec intention.

Nous répondons d'elle.

Jules va inviter une autre dame.

MARIE, à part.

Ce bouquet... que faire ?...

DIANE, qui l'observe.

Elle hésite ; mais ses yeux ne quittent pas la lettre.

MARIE, à part.

Ah ! j'ai trouvé. Ce sera moins cruel ainsi. (Haut.) Mesdames, on a quêté pour les orphelins ; maintenant, faisons aussi quelque chose pour les pauvres marins qui dorment dans ces vagues. — Jetons quelques fleurs sur leur tombeau mouvant.

Mouvement.

DIANE, à part.

Je comprends.

BLANCHE.

C'est une idée charmante !

DIANE.

Charmante, en effet... Tenez, donnez l'exemple !

Elle a pris le bouquet de Marie et fait la substitution sans être vue. — Marie prend son bouquet, va à la terrasse et le jette à la mer.

* Rose, Jules, Diane, Marie, Blanche, Robert, Henri.

HENRI, qui la suivait des yeux avec douleur, — à Robert *.

Ah ! tu le vois, je n'ai plus d'espoir.

ROBERT, à part, tandis que les autres femmes vont à la terrasse et imitent Marie.

Ah çà ! décidément, est-ce qu'il y aurait encore des honnêtes femmes?

DIANE, retirant la lettre du bouquet, — à part.

Cette lettre, tu la liras !

Elle la cache dans son sein. L'orchestre se fait entendre, mouvement très-animé.

* Diane, Rose, Marie, Blanche, Robert, Henri; Buzançois et Jules, au second plan.

# ACTE TROISIÈME

Chez Diane de Tourny, à sa maison de Trouville. — Un boudoir. Porte au fond. Portes latérales. Une fenêtre dans un des pans coupés ; une cheminée garnie dans l'autre. — Intérieur élégant, plein de fleurs, d'ottomanes, de tapis et de parfums. — Le boudoir est mollement éclairé.

## SCÈNE PREMIÈRE

ROBERT, BUZANÇOIS *.

Au lever du rideau, Robert et Buzançois entrent vivement par la droite.

BUZANÇOIS, voulant le retenir.

Voyons, mon cher monsieur Préault, un moment encore !

ROBERT.

Pas une minute, je veux m'en aller, je suis furieux.

BUZANÇOIS.

Contre madame Rose Michelin, si aimable, si charmante ?

ROBERT.

Allons, dites le mot... C'est un ange, n'est-ce pas ?

BUZANÇOIS.

Mais...

* Robert, Buzançois.

ROBERT.

Je sais qu'à vos yeux toutes les femmes sont des anges.

BUZANÇOIS.

Mais, enfin, que lui reprochez-vous ?

ROBERT.

Je lui reproche de m'avoir plu ! (S'animant.) C'est trop fort... Condamné en naissant, comme tous les autres hommes, à trainer ce boulet qu'on appelle l'amour et qui se rive au cœur, pendant une dizaine d'années, je rame consciencieusement sur les galères de Paphos, et, quand je crois avoir fait mon temps, vlan ! je suis repris. Les gendarmes sont deux yeux noirs ; les menottes, des cheveux blonds, et deux petites mains aux ongles roses me remettent à la chaine !... vous croyez que ce n'est pas révoltant, vous ?

BUZANÇOIS.

Non.

ROBERT.

Mais, ex-notaire que vous êtes, je ne suis plus d'âge ni d'humeur à porter des échelles de cordes en sautoir, et à pincer de la guitare sous les balcons, n'est-ce pas ? je ne puis donc aimer à cette heure que la femme qui portera mon nom ; eh bien, il est clair que celle-là le laisserait tomber tout de suite en sortant de l'église... Je suis donc dans une fausse position, comprenez-vous ?

BUZANÇOIS.

Je comprends que vous vous effrayez à tort. Madame Rose Michelin est gaie, un peu vive, un peu étourdie ; elle parle peut-être un peu légèrement ; mais, croyez-moi, elle en dit plus qu'elle n'en fait.

ROBERT.

Eh bien, croyez-moi aussi : une fois ma femme, elle en ferait plus qu'elle n'en dit.

BUZANÇOIS.

Allons, vous êtes injuste.

ROBERT.

Et vous, vous êtes aveugle. Je vous donnerai un caniche, cet emblème de la fidélité... une race perdue. Votre petite Rose Michelin, est-ce que je ne vois pas bien que nos belles brebis sont en train de lui apprendre à bêler comme elles!

BUZANÇOIS, avec doute.

Oh !

ROBERT, l'imitant.

Oh! quoi ?... Je m'y connais peut-être. Et, tenez, il en sera de même pour madame Marie Bernier.

BUZANÇOIS, sautant.

Madame Marie Bernier... elle ! un ange de... ?

ROBERT, riant.

Paf!... Ça y est... je ne vous l'ai pas fait dire... un ange !... Eh bien, laissez faire au temps et à mon ami Gérard, et, avant peu, votre ange sera plumé comme il faut ! on vous gardera une plume... Elle pourra vous servir à composer une suite au *Mérite des femmes*.

BUZANCOIS.

Pardon ! pardon, monsieur ; permettez-moi de m'inscrire en faux contre vos paroles ! J'ai bien remarqué, comme vous, que M. Gérard regardait cette jeune dame avec complaisance; je crois même qu'un instant il avait osé concevoir de coupables espérances, mais il y a renoncé à cette heure, j'en suis sûr, et, s'il brûle encore pour elle, c'est en secret, et d'une flamme discrète.

ROBERT.

Oui, vous croyez encore aux flammes dans le notariat, et aux flammes discrètes.

BUZANÇOIS.

En tout cas, je crois que les soupirs et les vœux de M. Henri se sont brisés et se briseront contre la vertu de madame Bernier. . Voilà ce que je crois, et fermement.

ROBERT.

Vous ne l'avez donc pas suivie des yeux pendant toute la soirée?... Votre ange, vous dis-je, ne bat déjà plus que d'une aile... Ainsi Henri n'est pas venu (et il ne viendra pas) ; désespéré par les rigueurs... provisoires, et peut-être calculées de sa belle, il est allé dîner avec quelques-uns des plus mauvais sujets de la saison... Eh bien, à chaque minute, les beaux yeux de madame Bernier se tournaient avec anxiété vers les portes du salon... elle rougissait et pâlissait vingt fois en un quart d'heure!... et, dans le moment où quelqu'un a laissé tomber le nom d'Henri, elle a été sur le point de se trouver mal. Or, savez vous ce que cela prouve?

BUZANÇOIS.

Eh bien?

ROBERT.

Cela prouve que, si M. Bernier ne revient pas au plus vite, il y aura bientôt un mari de plus, pour le train de... six heures.

BUZANÇOIS, troublé.

Mais, en vérité, monsieur, vous m'effrayez.

ROBERT.

Décidément, quel intérêt portez-vous donc à madame Bernier?

BUZANÇOIS, se remettant.

Quel intérêt?... Mais, monsieur, celui que tout honnête homme doit porter à la femme honnête et pure jusque-là, et que le désœuvrement d'un jeune fou pourrait précipiter dans l'abîme.

ROBERT, riant.

Quelle chaleur, monsieur...

Cherchant le nom.

BUZANÇOIS, le soufflant.

Buzançois.

ROBERT.

Je le sais.

BUZANÇOIS.

Alors, dites-le.

ROBERT.

Je ne veux pas.

BUZANÇOIS.

Alors, ne le dites pas. Oh ! mais on veillera sur elle ; il se trouvera bien ici la main d'une femme pour la guider, une main protectrice qui...

ROBERT, éclatant de rire.

Une main protectrice,... ici ? Mon cher monsieur... passons. A Trouville, le pays des amours buissonnières, les mains servent à fendre l'onde amère, à écrire des billets doux et à jeter des baisers par les fenêtres sur la tête des passants ; à faire de la télégraphie électrique, en valsant au casino sur quelque bacchanale d'*Orphée aux enfers* ou de *la Belle Hélène*... Enfin, elles ne sont jamais oisives, c'est vrai ; mais elles n'ont jamais protégé personne.

BUZANÇOIS, qui ne l'écoutait pas, à part.

Oh ! il n'y a pas à hésiter ; et, ce soir même, je parlerai à madame de Tourny.

ROBERT, étonné *.

Hein ? Est-ce que cette main protectrice serait la sienne ?

BUZANÇOIS, remontant.

Peut-être !

* Buzançois, Robert.

ROBERT, riant.

Ah! ah! ah!... Pardieu! voilà une brebis qui sera bien gardée! Enfin!... ce n'est pas celle-là qui m'intéresse, c'est l'autre.

Il reconduit Buzançois.

ROSE, dans la coulisse.

Chère amie, je vous défends de me reconduire.

ROBERT, sautant.

C'est elle! (Rose Michelin paraît.) Les deux yeux noirs!

## SCENE II

LES MÊMES, ROSE.

ROSE, à la cantonade *.

Bonsoir, bonsoir, chère!

BUZANÇOIS.

Vous nous quittez, madame?

ROSE.

Oui, je n'en puis plus, je suis brisée d'avoir ri.

UN DOMESTIQUE, entrant.

La voiture est en bas.

BUZANÇOIS, saluant.

Madame!... (A part, en sortant.) Tâchons de rejoindre la comtesse.

* Buzançois, Robert, Rose.

## SCÈNE III

### ROBERT, ROSE *.

ROBERT, à part, tandis que Rose met son manteau.

Tant pis! il faut que je sache à quoi m'en tenir... Je veux m'assurer du degré de la maladie.

ROSE, qui a fini de s'affubler, saluant.

Monsieur...

ROBERT, l'arrêtant.

Pardon, madame...

ROSE.

Vous avez à me parler, monsieur ?

ROBERT.

J'ai à vous faire mes compliments.

ROSE.

Oh! il est bien tard... Vous ne pourriez pas remettre à demain?

ROBERT.

Désolé!... mais, demain, j'ai une autre commande, et je préférerais vous livrer les vôtres tout de suite. Savez-vous, madame, que vous avez eu tout le succès ce soir?

ROSE.

Vraiment?

ROBERT.

En vérité! vos paradoxes... court vêtus sur la vertu, l'amour et l'infidélité m'ont, je vous jure, tout à fait réjoui.

* Robert, Rose.

ROSE, déjà moins hardie.

Allons, tant mieux...

ROBERT.

Ceux sur l'infidélité, surtout... On voit que c'est un sujet que vous avez étudié.

ROSE, de même.

Moi?... Pardon, monsieur, mais...

ROBERT *.

Un instant, de grâce! Avez-vous remarqué les regards jaloux que vous lançaient toutes ces dames?

ROSE.

Non.

ROBERT.

Cela s'explique... Vous les avez si bien distancées... Tous ces messieurs vous mangeaient des yeux! Ils sont même cause que je suis resté sur ma faim.

ROSE, riant, mais gênée.

Très-joli!... Mais..., au fait, pourquoi êtes-vous donc parti ainsi?

ROBERT.

Ah! c'est qu'un de mes amis... mon meilleur ami... venait de me faire une confidence qui,... dans le premier moment surtout, m'avait été on ne peut plus désagréable!

ROSE.

Une confidence? sur qui?

ROBERT.

Sur la plus délicieuse veuve que j'aie jamais rencontrée.

ROSE.

Et... où la rencontre-t-on, cette veuve-là?

* Rose, Robert.

ROBERT.

Partout où il y a des têtes à tourner; vous devinez bien, n'est-ce pas, qu'il s'agit de vous, madame?

ROSE.

De moi?

ROBERT.

Mon ami a peut-être été un peu indiscret!... mais, que voulez-vous! il y a des bonheurs si grands! un cœur ne saurait suffire à les cacher.

ROSE, de plus en plus troublée.

Mais je ne vous comprends pas, monsieur.

ROBERT, l'observant.

Du reste, il a ajouté franchement que son heureux règne s'était peu prolongé et qu'il avait été bientôt sacrifié à un autre, qui, à son tour...

ROSE, indignée.

Plaît-il? Mais c'est affreux! mais ce monsieur a menti!

ROBERT.

Ne vous défendez donc pas, mon Dieu! quel mal y a-t-il à jeter son bonnet par-dessus les moulins quand on a des cheveux aussi beaux que les vôtres.

ROSE, tremblante.

Monsieur!... je vous en prie! cette plaisanterie a assez duré... Ne voyez-vous pas le rouge qui me monte au visage?

ROBERT à part.

C'est que c'est vrai! (Haut.) Mon ami a exagéré peut-être...

ROSE.

Mais il a tout inventé, monsieur, tout!

ROBERT, avec espoir.

Quoi! pas le moindre petit amour?

ROSE, *de plus en plus agitée.*

Mais jamais, monsieur, jamais!...

ROBERT.

Même depuis la mort de M. Michelin?

ROSE, *étourdiment.*

Mais encore moins! (*Se reprenant.*) C'est-à-dire ni plus ni moins... Vous me rendez folle, monsieur.

ROBERT, *joyeux.*

Ainsi, c'est bien vrai que...?

ROSE, *pleurant à demi.*

Mais pour qui donc m'avez-vous prise, monsieur? Ah! parce que je parlais comme les autres, vous avez cru...? Au fait, c'est ma faute... Mais, que voulez-vous! on se moquait de moi... et alors, un mouvement de sot amour-propre! mais je suis une honnête femme, entendez-vous? je suis sage, et l'ai toujours été.

ROBERT.

Je vous crois... je vous crois, chère enfant.

ROSE, *avec colère.*

Et votre meilleur ami est un menteur, un calomniateur, un imposteur!

ROBERT, *humblement.*

Mon meilleur ami, c'est moi!

ROSE.

Comment?

ROBERT.

C'était une épreuve de ma façon!

ROSE, *boudant.*

C'est joli!

ROBERT.

Que voulez-vous! je n'ai trouvé que ça... et... comme de

l'éclaircissement d'un doute dépendait peut-être mon... Enfin!... j'ai voulu savoir... je sais! je sais que vous êtes une adorable petite femme, égarée dans un monde qui n'est pas le sien!... je sais que vous méritez qu'un honnête homme vous consacre sa vie, et... (s'arrêtant embarrassé) et ça me fait plaisir...

ROSE.

C'est égal, monsieur, c'est mal, ce que vous avez fait là!

ROBERT.

Oui, oui... c'est mal, très-mal! et je voudrais avoir la permission de vous en demander pardon jusqu'à la fin de mes jours.

ROSE.

Eh bien, je vous pardonne, monsieur; adieu.

ROBERT.

Elle n'a pas compris. (Haut.) Ma jolie petite Rose!

ROSE.

Monsieur...

ROBERT.

Votre main, je vous prie.

ROSE.

Non... je veux partir!

ROBERT.

Oh! vous ne me quitterez pas ainsi... ça me ferait trop de chagrin.

ROSE.

Eh bien... voilà ma main; adieu! (La retirant au moment où Robert va l'embrasser.) Ah! non, pas ça! pas ça!

ROBERT, insistant, voulant la prendre dans ses bras.

Rose!..

ROSE, effrayée.

Si vous m'embrassez, je ne vous revois de ma vie!

Elle va pour sortir.

ROBERT.

Eh bien, non, non... ne vous en allez pas! je vais rester là, dans ce fauteuil!... Voulez-vous que je m'attache... comme les frères Davenport? (Nouant un de ses bras au fauteuil avec son mouchoir.) Me voilà attaché!... je ne garde qu'un bras pour faire les gestes. (Rose rit malgré elle.) Ah! vous avez ri! vous ne m'en voulez plus, et je puis parler... Rose! je vous aime! (Mouvement de Rose.) Puisque je suis attaché!... Je vous adore!... jamais vous ne ferez une brebis... comme les autres, il faut en prendre votre parti... C'est triste, mais c'est comme ça! Que voulez-vous! vous faisiez une bonne petite madame Michelin, j'en suis bien sûr... et vous feriez, j'en suis certain, une excellente petite madame Préault... Voulez-vous essayer?

ROSE, qui s'est approchée peu à peu, dénouant le mouchoir en riant.

Monsieur, je vous permettrai peut-être de me reparler de cela, cet hiver à Paris.

ROBERT, avec passion.

Chère enfant, ma petite bien-aimée!... (A part.) Ah! c'était bien la peine de dire tant de mal des femmes! Enfin! c'est dit.

Il embrasse la main de Rose. Henri paraît au fond.

## SCÈNE IV

LES MÊMES, HENRI *.

Celui-ci est dans un désordre élégant. On devine qu'il est un peu plus gai que de coutume.

HENRI, en apercevant Robert, qui baise la main de Rose, et éclatant de rire.

Bravo! bravo! à la bonne heure! Et tu es plus intelligent que moi.

* Rose, Robert, Henri.

ROBERT.

Henri!...

HENRI, sans l'écouter.

J'ai voulu prendre par les chemins peu fréquentés et... je me suis déchiré le cœur aux épines! Toi, plus sage...

ROBERT.

Henri, tu es ivre!

HENRY.

Moi? Par exemple!

Mouvement de Rose.

ROBERT, présentant Rose.

Ma femme, Henri.

HENRI, étonné.

Bah?

ROBERT.

Bientôt, du moins, je l'espère. (A Rose.) Madame, en attendant, me ferez-vous l'honneur d'accepter mon bras?

Il la reconduit jusqu'au fond et lui fait un profond salut. — Rose sort.

HENRI.

Ah! voilà du nouveau, par exemple!

## SCÈNE V

### HENRI, ROBERT *.

HENRI.

Qu'est-ce que cela veut dire?

ROBERT.

Cela veut dire que j'ai pris l'emploi des fiers Sicambres, et que j'adore aujourd'hui ce que je brûlais hier.

* Henri, Robert.

HENRI.

Ah! bah!

ROBERT.

Voilà. Traite-moi de tonton si tu veux, ça m'est égal; mais, à présent, je romps des lances en faveur de la vertu... Madame Michelin est une honnête femme, et je l'épouse!... Madame Bernier est une honnête femme, et je la protége!... Oui, je la protégerai contre tout le monde, contre toi-même! Je ne veux pas qu'elle devienne la proie d'un chenapan de ton espèce. (*Le serrant dans ses bras.*) Car, entre nous, Henri, tu n'es qu'un chenapan.

HENRI.

Mais, non; j'adore Marie.

ROBERT.

Ça n'est pas vrai... Tu veux tout bonnement la séduire pour l'abandonner ensuite, car enfin tu ne peux pas l'épouser! Tu vois donc bien que tu n'es qu'un chenapan. (*S'animant.*) Mais je suis là et je veillerai sur elle! Je la sauverai... Tu ris?... Eh bien, pour commencer, je vais lui donner le sage conseil d'aller attendre son mari dans un couvent. (*Se frappant le front.*) Non, je ferai mieux... oui, oui, et cette action-là rachètera mes hérésies passées, et madame Michelin-Préault m'en aimera davantage, j'en suis sûr! J'ai appris par hasard que M. Bernier était revenu de Milan, qu'il était ce matin à Trouville, et qu'il avait dû partir à deux heures pour le Havre, où il s'embarquera demain pour New-York avec sa Terpsichore. Eh bien, je pars, je vais à lui franchement, loyalement, et je lui dis: « Monsieur!... » Il est ému, touché, vaincu! et je le ramène honteux et repentant aux pieds de sa femme. Adieu! S'il n'y a pas un départ ce soir, je frète un bateau pour moi tout seul... et, si le capitaine me refuse, je l'assassine, et j'ai le vapeur pour rien. Adieu! adieu!

*Il sort vivement.*

## SCÈNE VI

HENRI seul, éclatant de rire..

Bon voyage à ton repentir! pour moi, je vais m'enfoncer de nouveau dans le péché pour oublier. Marie m'a fait trop souffrir! ainsi, c'est décidé! au diable les femmes honnêtes, et vivent les autres! (Apercevant Blanche.) Eh! justement, en voilà une autre.

## SCÈNE VII

HENRI, BLANCHE*.

HENRI.

Vous cherchez quelqu'un, madame?

BLANCHE.

Au contraire, monsieur, je me sauve de mon mari, il dit qu'il m'aime, et, bien mieux, il prétend que je dois l'aimer!

HENRI.

M. Tingrey est, je crois, un peu entaché de fatuité?

BLANCHE.

Il a une assez bonne opinion de lui-même.

HENRI.

Et la partagez-vous?

BLANCHE.

Moi? Oh! je n'ai pas d'opinion du tout sur M. Tingrey; c'est tout simple, je le connais si peu!

* Blanche, Henri.

HENRI.

Cependant, il y a trois années que vous êtes mariés.

BLANCHE.

Mon Dieu, oui... Trois années, dont une bissextile encore.

HENRI.

Mais alors ?...

BLANCHE.

Ah ! vous comprenez, les affaires d'un côté, les plaisirs de l'autre, nous ne faisons que nous rencontrer dans la vie, et... la plupart du temps, nous nous saluons, mais nous ne nous parlons pas.

HENRI.

Ah ! tout à l'heure, cependant, il vous a parlé... et de son amour encore... Il vous aime, a-t-il dit.

BLANCHE.

Eh bien, oui, comprenez-vous cela ? Ça lui a pris tout d'un coup, le 12 septembre, à trois heures... Cette révélation, après trois ans !

Elle va s'asseoir.

HENRI.

Il paraît que votre mariage n'a pas été tout à fait un mariage d'amour ?

BLANCHE.

Tant s'en faut ! — un mariage de surprise, voilà tout.

HENRI.

Comment cela ?

BLANCHE.

Eh ! sans doute ! Ainsi, un beau jour, dans le salon de mon père, on annonce un monsieur qui, me disait-on, se mettait sur les rangs des épouseurs ; je me disposais à regarder l'aspirant, lorsque, tout à coup, ses deux grands diables de laquais déposent devant moi une immense corbeille pleine des fleurs les plus rares. Naturellement, je regarde les fleurs et... je ne les avais pas encore toutes vues, que le monsieur avait disparu. Une autre fois, sa voiture vient nous chercher pour aller visiter une ravissante demeure qu'il voulait, à ce qu'il paraît, mettre dans la corbeille ; nous arrivons, le monsieur nous attendait en haut du perron ; je monte l'escalier ; à peine au milieu, j'aperçois à ma droite une immense galerie de tableaux, je m'élance ; pendant deux heures, je me pâme devant les toiles de nos maîtres ; au bout de la galerie, je rencontre une succursale de Sèvres, je dévore les porcelaines ; cela fait, je visite les jardins, puis la serre... La nuit était venue... nous remontons en voiture et... je n'avais pas vu le monsieur. Un autre jour... Enfin, je ne sais pas comment cela s'est fait, mais, parole d'honneur, je l'ai vu pour la première fois le jour du mariage, et, vous comprenez, il n'y avait plus moyen de reculer, ma robe était faite ; mais il n'en est pas moins vrai que je n'y ai vu que du feu, et que ce monsieur m'a épousée par surprise.

HENRI.

Et à la suite de tout cela...?

BLANCHE.

C'est qu'un mois après, j'ai fait mettre un verrou à la porte de ma chambre.

HENRI.

Et qu'a dit M. Tingrey ?

BLANCHE.

M. Tingrey ? Il ne s'en est aperçu qu'hier, et son amour alors s'est éveillé ; il paraît qu'il aime les obstacles.

HENRI *.

Et cet obstacle-là, avez-vous l'intention de le lever ?

BLANCHE.

Jamais de la vie !

* Henri, Blanche.

HENRI, riant.

Alors, ce verrou-là ne sert à rien ; si vous voulez, je vous donnerai les moyens de l'utiliser, moi ! Je réglerai mon cœur sur le vôtre, madame.

BLANCHE, riant.

Ah bien, vous n'êtes pas arrivé !... Mais, parlons d'autre chose.

HENRI, avec passion.

Blanche !

BLANCHE.

Plaît-il ?

HENRI.

Je vous adore, et je voudrais passer ma vie à vos pieds.

BLANCHE, riant.

Est-ce que je serais forcée de rester là tout le temps ?

HENRI.

Moqueuse !

BLANCHE, franchement.

Il n'y a pas de milieu, il faut que je me moque ou que je me fâche.

HENRI.

Pourquoi vous fâcheriez-vous ?

BLANCHE.

Pourquoi ?... Ah ! au fait, c'est vrai, je serais bien susceptible. Pourquoi ne me proposez-vous pas tout de suite de m'enlever ?

HENRI.

Mais...

BLANCHE, riant.

Non ! vous ne voulez pas vous déplacer ?... Vous êtes un don Juan en chambre, vous !

HENRI *.

Vous avez un esprit du diable.

BLANCHE.

Que voulez-vous !... quand on n'en a plus la beauté...

HENRI.

Ma jolie Blanche !

BLANCHE, riant.

Oh ! mais vous expédiez trop vite les choses, vous, à votre galant tribunal. A peine jugée... digne de vos hommages, vous me condamnez à vous adorer, et il faut que l'exécution suive tout de suite la sentence... Mais laissez-moi du moins vingt-quatre heures pour maudire mon juge.

HENRI.

Oh ! ces vingt-quatre heures-là, vous pourriez mieux les employer, allez.

BLANCHE.

Pardon, je préfère me pourvoir en grâce.

HENRI, la retenant.

Blanche !

BLANCHE, gaiement.

Mais, en vérité, vous êtes extraordinaire, mon gentilhomme ! vous m'aimez, je le veux bien ; mais, après,... qu'est-ce que vous voulez que j'y fasse?

HENRI.

Je vous le dirai si vous le voulez... mais... là-bas !...

BLANCHE.

Là-bas?... où prenez-vous là-bas ?

HENRI, à mi-voix.

Écoutez... je vais vous dire des choses insensées.

* Blanche, Henri.

BLANCHE, riant.

Oh ! je m'y attends bien !... je ne reste que pour ça !

HENRI.

Connaissez-vous à Houlgate... un petit chalet perdu au milieu des fleurs, et qui appartenait, il y a quelques jours, à madame de Tourny ?

BLANCHE.

Parfaitement !

HENRI.

Eh bien, cette petite maison est à moi aujourd'hui.

BLANCHE.

Vraiment ?

HENRI, incisif.

Dans cette... retraite,... on n'a pas à redouter les regards indiscrets... et... (riant), si vous aimez les fruits ...

BLANCHE, à part [1].

Ah ! c'est trop fort ! attends ! (Gravement.) J'ai compris !... C'est convenu !... à minuit, j'y serai.

HENRI, étonné lui-même.

Plaît-il ?

BLANCHE, de même.

Préférez-vous une autre heure ?

HENRI.

Non, certes... et ce n'est pas cela... que... Mais... il me semble que vous vous moquez de moi.

BLANCHE, très-sérieuse.

Pardon !... si vous m'avez fait une semblable proposition, c'est que vous me croyez assez... fantaisiste pour l'accepter, n'est-ce

[1] Henri, Blanche.

pas? Et voilà que, lorsque ma fantaisie se fait votre complice, vous vous étonnez!... Êtes-vous jeune?... Me trouvez-vous belle? Avez-vous de votre... mérite une bonne opinion ou une mauvaise?... Êtes-vous audacieux ou timide? Il faudrait cependant s'entendre.

HENRI, la tête à moitié perdue.

Certainement, et, en vérité... Mais c'est que... ce bonheur serait si grand... que j'ose à peine y croire.

BLANCHE, d'un ton piqué.

Eh bien, n'y croyez pas et n'en parlons plus... Que voulez-vous que je vous dise?

HENRI, avec passion.

Blanche!

BLANCHE, avec fièvre.

C'est bien heureux!... Je ne veux personne pour me recevoir... vous entendez? je connais la maison... Mais il me faudrait...

HENRI.

Quoi donc?

BLANCHE.

Quelque phrase cabalistique, le *Sézame, ouvre-toi!*

HENRI.

C'est juste. (Lui remettant une petite clef et perdant tout à fait la tête.) Chère Blanche!... à ce soir, minuit...

Il lui prend la main.

BLANCHE, jouant l'émotion.

J'y serai, partez vite!

Il lui baise la main et sort vivement.

## SCÈNE VIII

BLANCHE, DIANE *.

Dès que Gérard a disparu, Blanche tombe sur un siége en riant aux éclats.

DIANE, *étonnée.*

Qu'est-ce donc ?

BLANCHE, *riant toujours, et faisant tourner sa clef dans son doigt.*

Ah ! quand ils sont gris, ces hommes sont adorables d'aplomb.

DIANE.

Mais... expliquez-moi...

BLANCHE.

Vous ne savez pas où va M. Gérard ?

DIANE.

Non.

BLANCHE.

Eh bien, il va m'attendre dans son petit chalet... une retraite mystérieuse où l'on n'a pas à redouter les regards indiscrets.

DIANE.

Un rendez-vous ?...

BLANCHE.

Mon Dieu, oui ! entre minuit et deux heures du matin... comme cela, sans façon... un fruit ; un doigt de champagne... Oser m'offrir... Ah ! je n'ai pas souvenir d'une audace pareille.

DIANE, *souriant.*

Oh ! en cherchant bien !

BLANCHE.

C'est égal, monsieur Henri, vous me le payerez. Je le garde, son

* Blanche, Diane.

petit chef-d'œuvre de serrurerie... Je veux qu'il m'attende huit jours de suite, pour sa punition.

DIANE, *avec malice.*

Et après?

BLANCHE.

Eh bien, après, on verra.

## SCÈNE IX

LES MÊMES, UN DOMESTIQUE, *puis* MARIE*.

LE DOMESTIQUE, *entrant.*

M. Tingrey fait prévenir madame qu'il désirerait l'entretenir quelques instants avant de se retirer.

BLANCHE.

Et... où est monsieur?

LE DOMESTIQUE.

Dans le grand salon...

BLANCHE.

C'est bien! (*Le domestique sort. — Blanche, agacée.*) Décidément, M. Tingrey prend des façons que je ne saurais supporter... Il faudra que je mette ordre à cela.

DIANE**.

Madame Bernier!

BLANCHE.

Ma toute belle! est-ce que vous partez?

MARIE.

Oui; mais je voulais, auparavant, prendre congé de madame et de vous.

* Blanche, le domestique, Diane.
** Diane, Blanche, Marie.

BLANCHE.

Vous êtes un amour !... attendez-moi, j'en ai pour une minute, ce n'est que mon mari qui me demande. (En sortant.) Le temps de lui rire au nez et je reviens. (Elle sort.) A tout à l'heure.

## SCÈNE X

### DIANE, MARIE *.

DIANE.

En attendant le retour de madame Tingrey, venez, ma chère, que je vous gronde.

Elle l'attire près d'elle.

MARIE.

Quel crime ai-je donc commis, madame?

DIANE.

Mais le plus grand de tous !... le crime de lèse-coquetterie... Vous maigrissez à vue d'œil... il y a un arc-en-ciel sous chacun de vos yeux, et, si vous n'y prenez garde, dès après-demain, vous serez laide à faire peur.

MARIE.

Que m'importe?

DIANE.

Voyons !... qu'y a-t-il? un grand chagrin?... un ver dans la rose?

MARIE.

Ce n'est pas du chagrin précisément... C'est de l'ennui... de la lassitude ! mon cœur me pèse.

DIANE.

Pauvre petite ! est-elle gentille !

* Diane, Marie.

MARIE, honteuse.

Ah! vous riez de moi!

DIANE.

Moi!... rire de ce mal-là?... Il n'y a pas de danger.

MARIE, vivement.

Vous le connaissez donc?

DIANE.

Ah! Dieu! c'est moi qui l'ai inventé.

MARIE, étonnée.

Comment?

DIANE, après un moment.

Donnez-moi vos mains... Mais elles sont brûlantes!... vous avez la fièvre!

MARIE.

Je crois qu'oui.

DIANE, après un temps.

Vous l'aimez toujours, n'est-ce pas?

MARIE, distraite.

Mon mari?

DIANE, comprimant un sourire.

Oui... votre... mari...

MARIE, avec feu.

Je porte son nom, madame; ce nom, j'ai juré de le faire respecter, et je mourrai avant de manquer à mon serment.

DIANE.

Et vous ferez bien, mon enfant! car, voyez-vous, le véritable rôle de la femme en ce monde, c'est le sacrifice... Dans cette île sauvage que l'on nomme la société, les femmes sont les missionnaires de l'amour. Elles doivent donc prêcher la fidélité, qui en est la première loi... et prêcher d'exemple, ce qui est plus dur. Elles prêchent presque toujours dans le désert, c'est vrai! mais... (avec onction), à défaut du bonheur dans cette vie, elles ont l'espoir d'une sainte récompense dans une vie meilleure.

MARIE.

Oh! ne riez pas de ce sourire, je ne sais pourquoi il me fait peur.

DIANE, la caressant.

Enfant!

MARIE, peu à peu plus agitée.

Voyez-vous, madame, depuis quelque temps, j'erre au hasard dans une nuit profonde, sur une mer qui m'est inconnue! il me manque un phare qui me guide.

DIANE.

Et vous craignez le naufrage pour votre vertu?

MARIE, à voix basse.

Eh bien!... oui! et je viens vous demander de me servir de pilote! c'est vous qui me protégerez, qui me guiderez!... Vous voulez bien, n'est-ce pas?

DIANE, avec une émotion aussitôt réprimée.

Marie!

MARIE, étonnée.

Qu'avez-vous donc?

DIANE.

Rien! rien!...

MARIE, suppliante.

Ainsi, vous ferez ce que je vous demande?

DIANE.

Oui! oui! et, pour me servir de la même image que vous, le phare protecteur, c'est ma main qui le placera.

MARIE, l'enlaçant de ses bras.

Que vous êtes bonne !

DIANE, frémissant malgré elle et se dégageant doucement de son étreinte.

Voyons, dites-moi tout. Il y a longtemps déjà qu'il marche dans votre vie,... lui?

MARIE.

Un an peut-être. Quand je l'ai vu pour la première fois, c'était au bal... Il a valsé avec moi... il ne me parlait pas, mais... sa main frissonnait dans la mienne... et je me sentais mourir sous son regard... Je n'avais, jusque-là, rien ressenti de pareil. J'espérais ne plus le revoir... J'ai tout fait pour le fuir, je vous le jure! mais la fatalité l'a toujours replacé sur ma route; rien n'a lassé sa patience.

DIANE.

Ou son amour.

MARIE.

Ainsi, l'autre soir, il avait glissé une lettre dans mon bouquet.

DIANE.

Vraiment?

MARIE.

Et j'avais jeté le tout à la mer.

DIANE.

Ah! c'était du courage.

MARIE.

Eh bien, ce courage a été inutile ; ce matin, dans les fleurs de ma corbeille, il y avait une autre lettre.

DIANE, à part, d'un ton singulier.

Une autre!...

MARIE.

Comment est-elle venue là, je l'ignore.

DIANE.

Oui, en effet, c'est inexplicable... Et... vous l'avez lue?...

MARIE.

Oh! non. La voilà intacte. Je ne veux pas la lire, je ne la lirai pas.

DIANE, réprimant un mouvement.

Vous aurez tort.

MARIE, étonnée.

Comment?

DIANE, raillant et prenant la lettre *.

Toutes ces lettres-là se ressemblent, et le grand danger est de ne pas les lire... Je veux vous guérir, Marie...

Elle brise le cachet.

MARIE.

Ah! qu'avez-vous fait, madame!

DIANE, souriant.

Écoutez. (Elle attire Marie près de la table, où se trouve une lampe. Diane s'assied, Marie reste debout près d'elle. Diane, lisant à demi-voix en donnant toute leur valeur à chaque phrase, à chaque mot.) « Je vous ai revue, Marie... et la ligne de sagesse que je m'étais tracée un jour a été tout à coup brisée. C'en est fait à cette heure! ne me demandez donc plus de raison. La raison ne saurait trouver place désormais dans une âme que la passion envahit tout entière. Je ne m'appelle plus la résignation ; je ne m'appelle plus le respect ; je m'appelle l'amour. Mais non l'amour aux timides rougeurs, effeuillant languissamment la fleur qui se pâma tout un soir parmi les tresses parfumées... ; ni cet amour tremblant qui n'arrive à l'oreille de la bien-aimée qu'en passant par les étoiles... Je suis l'amour terrestre, ardent, insatiable!... qui ne sait parler qu'un langage, le doux langage des baisers... Pardonne-moi, Marie!... mais tu souffres aussi, je le sais, car j'ai lu dans ton âme! j'ai deviné ses

* Marie, Diane.

orages aux éclairs qui parfois illuminaient tes yeux, et, sur tes lèvres frémissantes, j'ai vu passer souvent le souffle embrasé de la jeunesse. »

Marie, qui écoutait haletante, s'est inclinée peu à peu sur l'épaule de Diane et dévorant la lettre des yeux ; tout à coup elle pousse un cri étouffé et tombe à demi mourante sur le dossier du fauteuil de la lectrice.

MARIE, saisissant le bras de Diane.

Assez, madame, assez !

DIANE, la soutenant.

Voyons, remettez-vous... La voilà toute tremblante ! Oh ! comme son cœur bat.

MARIE, avec douleur.

Oui... il bat à m'étouffer !

DIANE, avec un accent de triomphe contenu.

Tu l'aimes donc bien?

MARIE, dans le plus grand désordre.

Oui, oui... je l'aime, mais je veux le fuir; je le fuirai !... mais, d'ici là, je ne veux pas m'exposer à le revoir. Oh ! j'aurais peur qu'il ne lût dans mes regards le fatal secret que mon lâche cœur a si mal gardé... Que faut-il faire? que me conseillez-vous?... Parlez-moi, car je deviens folle.

DIANE.

Mais, chère enfant, vous vous exagérez le danger.

MARIE, dont la fièvre augmente.

Non, non ! (Frappant son sein.) Oh ! je sais bien ce qui se passe là, moi. Après tout, suis-je donc si coupable? Pourquoi mon mari m'a-t-il abandonnée seule et sans défense au milieu de tous ces périls que mes seize ans ne soupçonnaient pas? Mon âme avait soif d'affection, de tendresse, et cette tendresse, et cette affection que j'implorais de lui, et qu'il a portées à une autre, un autre aussi me les offre à mon tour... et moi, pendant ce temps, je lutte. (Avec des larmes.) Il l'a bien deviné, lui... Oui ! c'est vrai, au milieu du monde et dans la solitude, au sein du bal ou sur la grève, tout ce que j'ai de tendresse contenue refoulée dans mon cœur monte en bouillonnant jusqu'à mes lèvres, et ce doux mot : *Je t'aime!* je le murmure sans cesse, malgré moi, je le jette aux buissons... à la fleur, à l'oiseau. (Avec désespoir.) Un jour qu'il passera, je le lui jetterai à lui-même. Vous voyez donc bien qu'il faut que je le fuie; vous voyez donc bien qu'il faut que vous me sauviez de lui, que vous me sauviez de moi! (Apercevant Blanche.) Quelqu'un...

## SCÈNE XI

LES MÊMES, BLANCHE *.

BLANCHE, à la cantonade.

Faites-moi préparer une chambre, je passerai la nuit ici. (Descendant.) Me voilà, je reviens vous dire bonsoir. (Elle va l'embrasser et s'arrête étonnée.) Eh bien!... des larmes! Qu'y a-t-il donc?

MARIE, embarrassée.

Madame... (Éclatant.) Ah! au fait, je puis bien vous le dire, car, vous aussi, vous me conseillerez. (D'une voix fiévreuse.) Je veux fuir ce pays qu'habite... celui que j'ai peur d'aimer!... je veux une retraite cachée à tous les yeux... En ne me retrouvant plus... il partira... et mon mari reviendra peut-être, et il m'emmènera... il m'arrachera d'ici.

BLANCHE, après un mouvement.

Oui...Eh bien, mais c'est fort simple, et cette retraite cachée à tous les yeux, nous l'avons là sous la main. (Avec intention.) Votre chalet d'Houlgate.

DIANE, avec un cri de surprise.

Comment?

Blanche lui saisit la main.

* Marie, Blanche, Diane.

MARIE, avec un cri de joie [*].

Oui, en effet, je n'y pensais plus, votre vieille Marianne en est toujours la gardienne, n'est-ce pas? Eh bien, je resterai près d'elle; je connais cette maison, vous m'y avez accueillie déjà pendant un mois; la petite chambre que j'habitais, je la vois encore comme si je l'avais quittée hier... Je la trouverais les yeux fermés; j'irai me réfugier là. Vous voulez bien, n'est-ce pas?

DIANE.

Mais...

BLANCHE, bas, en donnant la clef à Diane.

M. Bernier est au Havre; M. Robert a juré de le ramener; demain, peut-être, vous ne pourrez plus rien... Eh bien, voulez-vous donc qu'elle vous vole une seconde fortune?

DIANE, après un temps.

Non. (Elle prend la clef, va rapidement à la cheminée et sonne. Juliette paraît.) Il y a une voiture en bas?

JULIETTE [**].

Oui, madame, une de celles qui ont reconduit déjà quelques-unes de ces dames; elle rentre à l'instant.

DIANE, d'une voix tremblante.

Vous allez accompagner, madame.

MARIE, bas.

Oh!... vous me sauvez.

DIANE, donnant la clef à Juliette et s'adressant à Marie.

La voiture vous attend et la maison est à vous. Adieu!

MARIE.

Oh! merci, madame, merci!

Elle embrasse Diane, qui résiste; puis elle salue Blanche, et sort vivement, suivie de Juliette.

[*] Marie, Diane, Blanche.
[**] Marie, Blanche, Diane, Juliette.

## SCÈNE XII

DIANE, BLANCHE *.

DIANE.

Ah çà ! je n'ai pas rêvé... vous avez donné des ordres pour la nuit à Juliette ?

BLANCHE.

Mais oui... je reste ici.

DIANE.

Et M. Tingrey ?

BLANCHE.

Je veux plaider en séparation contre lui. Il voulait aussi m'emmener souper. C'est une rage. Je chercherai un avocat demain matin. Il est neuf heures vingt-cinq... Il faut deux heures pour arriver à Houlgate. (Riant.) Je crois que l'héritage sera bien compromis quand minuit sonnera. Bonsoir, Diane.

DIANE, lui envoyant un baiser.

Bonsoir.

BLANCHE, à part.

Pauvre brebis !... et le loup qui est au bercail ! C'est qu'il est très-gentil... le loup ! (Elle sort.) Bonsoir, Diane.

## SCÈNE XIII

DIANE, seule.

Ah ! monsieur le comte, vous ne me souffletterez plus avec la vertu de cette femme !

* Blanche, Diane.

## SCÈNE XIII

DIANE, BUZANÇOIS *.

BUZANÇOIS.

Ah! je vous trouve seule, madame la comtesse!

DIANE.

Vous avez à me parler, monsieur?

BUZANÇOIS.

Oui, madame; depuis une heure, vous avez été toujours si entourée, que j'eusse tenté vainement de m'approcher de vous, et, d'ailleurs, ce que j'ai à vous dire est si grave...

DIANE, raillant.

Ah! mon Dieu!

BUZANÇOIS.

Vous le savez, madame, à mon âge, les pressentiments ne trompent guère... Eh bien, j'ai le pressentiment d'un malheur, d'un danger; je vous en supplie en grâce, écoutez-moi! Oui, madame, un danger qui menace une personne que vous connaissez comme moi... une personne à laquelle vous vous intéressez déjà, et c'est pour m'aider à le détourner d'elle que je viens à vous, madame.

DIANE.

Je vous écoute, monsieur.

BUZANÇOIS, avec un grand embarras.

Madame, vous le savez, un notaire est presque un confesseur!

DIANE, même jeu.

Oh! oh! voilà un début qui promet!

* Buzançois, Diane.

BUZANÇOIS.

Cet homme doit donc être muet...

DIANE.

Alors, pourquoi parlez-vous?

BUZANÇOIS.

Si je parle aujourd'hui, madame, après m'être tu si longtemps, c'est que de la révélation du secret qui m'avait été confié dépendent à présent le repos d'une femme et l'honneur d'un mari!

DIANE *.

Pardon!... pardon monsieur Buzançois! mais, alors, nous ne sommes plus à Trouville, chez moi; nous sommes à l'Ambigu!

BUZANÇOIS.

Madame!

DIANE, riant.

Nous sommes à l'Ambigu, bon!... moi, cela m'est égal, du moment que je suis prévenue... Allez, je vous écoute... Jouez-moi donc votre petit drame... Ah! mais, auparavant..., le lieu de l'action et le nom des personnages, s'il vous plait?

BUZANÇOIS.

Ah! ne riez pas, madame, ne riez pas, je vous en supplie!

DIANE.

Oh! il me les faut, ou je ne vous écoute pas!

BUZANÇOIS.

Vous exigez?

DIANE, riant.

Oui! oui! Le lieu de l'action d'abord?

BUZANÇOIS.

Le château de Frégel (Diane devient sérieuse et le regarde fixement), et les personnages... le baron et la baronne de Morand... Diane, leur fille, et... un intendant...

* Diane, Buzançois.

DIANE, s'élançant.

Plus bas, monsieur! plus bas!

BUZANÇOIS, troublé.

Au nom du ciel, madame, pardonnez-moi d'avoir appris un secret que j'aurais tant voulu ignorer! c'est la fatalité qui est cause... (S'embrouillant peu à peu.) Mais ne croyez pas que je vous accuse! que je vous condamne!... je vous plains, madame, et du fond du cœur...

DIANE.

Assez, monsieur! la comtesse Diane ne veut de la pitié de personne!... (Comme à elle-même.) Oui, c'est la vérité! mademoiselle de Morand est entrée dans la vie par une porte basse... et, comme on voulait cacher sa honte... un jour... on a attaché de force sur son front une couronne de comtesse. (A Buzançois.) Voilà votre drame, n'est-ce pas? le voilà bien tout entier?

BUZANÇOIS.

Non, madame!

DIANE.

Il n'y manque rien, je pense, puisque mon enfant est mort.

BUZANÇOIS.

On vous l'a dit, du moins!

DIANE.

Plait-il?

BUZANÇOIS.

Mais... si l'on vous avait trompée?

DIANE.

Trompée!.. Qu'est-ce que vous dites donc, vous?... est-ce que vous rêvez?... Oh! vous rêvez...

BUZANÇOIS.

Eh! je me réveille, au contraire, madame!... je me réveille du sommeil auquel j'étais condamné.

DIANE, avec égarement.

Voyons!... est-ce que je deviens folle?

BUZANÇOIS.

J'étais le notaire de votre famille, madame : je dois donc savoir...

DIANE.

Savoir !... quoi?... quoi? Mais dites donc ce que vous savez!

BUZANÇOIS.

Eh bien!... je sais que la froide indifférence de votre famille a été la cause première de tous vos malheurs... Je sais que le baron de Morand, chez qui l'orgueil de race parlait plus haut que l'amour paternel, n'a pas craint de briser le cœur de sa fille pour cacher au monde entier la tache faite à son nom... Je sais qu'une certaine nuit, et comme une pauvre jeune fille était encore évanouie sur son lit de douleur, les portes du château de Frégel s'ouvraient pour livrer passage à la voiture qui emportait l'enfant qu'on arrachait à sa mère. Je sais que cette enfant a été élevée au fond de la Bretagne, et que j'ai été chargé d'assurer une fortune à la petite orpheline... Je sais... je sais enfin, que votre fille est vivante!

DIANE.

Vivante!... elle est vivante, ma fille!... Je suis mère!... (Tombant sur le fauteuil.) Oh! est-ce que c'est bien vrai?... Moi qui, jusqu'à présent, n'avais su que haïr, je vais donc savoir enfin ce que c'est que d'aimer!....

BUZANÇOIS.

C'est bien meilleur, madame!

DIANE.

Quel avenir nouveau! avenir de bonheur! Je sais bien ce que je ferai... J'irai m'enfermer seule, toute seule, dans ce château de Frégel, et elle viendra quelquefois m'y voir en cachette! Et nous passerons de longues heures ensemble!... j'entendrai sa chère voix... je baiserai ses yeux!... Oh!... comme je vais l'aimer, ma fille! (Courant à Buzançois.) Mais dites-moi!... le nom? le nom de celle qui, depuis vingt ans, m'a volé les baisers et l'amour de ma fille?...

BUZANÇOIS.

La chanoisesse de Rion.

DIANE.

La chanoinesse de Rion ?

BUZANÇOIS.

Votre tante.

DIANE.

Ma...? Mais... alors... Marie... Marie Bernier ?...

BUZANÇOIS.

Marie Bernier est votre fille, madame.

DIANE.

Ah! misérable! misérable!

BUZANÇOIS.

Qu'avez-vous ?...

DIANE.

Mais ma fille est là-bas, et c'est moi qui l'y ai envoyée!... moi! moi, sa mère!...

BUZANÇOIS.

Que dites-vous!

DIANE.

Courons, mon ami! (Poussant un cri en portant la main à son cœur.) Ah! encore cette douleur horrible!... Mon Dieu me tuerez-vous donc avant de me l'avoir rendue? Non, non!... Venez, venez, mon ami! Ah! je ne peux pas, je ne peux pas! (Tombant sur le fauteuil.) Ah! je suis maudite!

---

# ACTE QUATRIÈME

## A Houlgate

Chez Henri Gérard. Un salon très-élégant. Au fond, une fenêtre à balcon. — Portes dans les pans coupés.

---

## SCÈNE PREMIÈRE

### HENRI, GERMAIN.

Au lever du rideau, la scène n'est éclairée que par les rayons de la lune qui entrent à flots par la fenêtre ouverte. Henri Gérard est endormi sur un canapé. — Germain paraît dans le pan coupé de gauche, et l'on aperçoit par la porte qui demeure entr'ouverte, et dans la chambre contiguë, une table élégamment servie, et chargée de deux lampes projetant une douce lumière. — Germain, qui est en grande livrée, s'avance gravement vers Henri, et se met en position.

GERMAIN.

Monsieur est servi. (Moment de silence. Henri ne bouge pas. — Se penchant.) Tiens, il dort! (Henri fait un mouvement. Germain se remet vivement en position. Plus haut.) Monsieur est servi *.

HENRI, s'éveillant à moitié.

Hein?

* Germain, Henri.

GERMAIN.

Le souper est préparé, monsieur. (Henri le regarde étonné.) Monsieur, en rentrant ce soir, ne m'a-t-il pas commandé de dresser deux couverts dans le petit boudoir?...

HENRI, se levant tout à coup.

Ah! mon Dieu! c'est vrai! Quelle heure est-il donc?

GERMAIN.

La demie, monsieur.

HENRI.

La demie de quoi, imbécile *? (Courant à la pendule.) Onze heures et demie... Blanche va venir... car je me souviens de tout, maintenant... Le chagrin, le dépit... et aussi les propos railleurs de mes convives... tout cela m'a rendu fou... m'a grisé, et j'ai cru qu'un caprice pourrait me guérir de mon amour, et alors... En quelle sotte aventure me suis-je fourré!... Car, enfin, cette Blanche Tingrey, si charmante qu'elle soit, m'est parfaitement indifférente... Je ne l'aime pas!... C'est une autre que j'aime!... Marie, ma douce Marie!... Il fallait que j'eusse complètement perdu la tête pour... Quand elle sera là... que lui dirai-je?... (Bruit de grelots sous la scène.) Quel est ce bruit?...

GERMAIN.

C'est dans l'écurie, c'est Picard, le postillon... (s'interrompant) qui attendait toujours monsieur, et qui se réveille. Comme monsieur a dit qu'il n'avait plus besoin de lui, sans doute qu'il se dispose à atteler, parce qu'il y a demain des courses à Deauville.

Roulement de voiture.

HENRI, qui écoutait.

Tais-toi! (En ce moment, on entend le roulement d'une voiture. Tressaillant.) C'est elle! (La voiture passe sans s'arrêter.) Non, la voiture continue sa route... je respire... C'est trop fort! j'ai au cœur une

* Henri, Germain.

passion qui me rend fou... insensé... et, pour quelques pas de trop dans les vignes du Seigneur... Mais de quel limon sommes-nous donc pétris? (Nouveau bruit de voiture.) Chut!...

Cette voiture passe comme la première.

GERMAIN *.

Monsieur, ce n'est pas encore cette voiture-là...

HENRI.

Non... mais ce sera apparemment la prochaine... et alors... Il faut à tout prix que je sorte de cette situation... (Se frappant le front.) Ah!... j'ai trouvé!... Germain!

GERMAIN.

Monsieur?

HENRI.

Quand il y aura cinq minutes que cette dame sera là...

GERMAIN **.

Je servirai.

HENRI.

Tu mettras le feu au boudoir.

GERMAIN, souriant.

Le feu?...

HENRI.

Oui... (A lui-même.) Ce n'est là dedans que dentelles du haut en bas, les flammes n'en feront qu'une bouchée... (A Germain.) Alors, tu arriveras effaré, tremblant... Tu as compris?

GERMAIN, souriant.

Parfaitement, monsieur, et les ordres de monsieur seront ponctuellement exécutés. (A part, en sortant.) Je vais descendre mes effets et le souper dans le jardin...

Il sort.

* Henri, Germain.
** Germain, Henri.

## SCÈNE II

### HENRI, puis MARIE.

HENRI.

Ah ! je suis plus tranquille, maintenant, et l'ennemi peut venir. Ah! je te le jure, va, ma chère petite Marie, quoi qu'il arrive, mon amour ne se démentira pas.

MARIE, au dehors.

Il n'y a plus de lumière dans le logis de Marianne...

HENRI, avec un cri de surprise.

Cette voix !...

MARIE, de même.

Elle est endormie, sans doute.

HENRI.

C'est celle de Marie. (On entend le bruit d'une porte. Redescendant en scène ) Marie! Marie ici!... Pourquoi ? comment ? Mais c'est insensé, ce qui m'arrive!... Elle va venir !... Marie !... (Se souvenant.) Ah! mon Dieu! et Germain qui est capable d'exécuter mes ordres... (S'élançant dans la chambre voisine.) Germain! Germain!...

La porte se referme sur Henri, et tout aussitôt Marie paraît au fond avec Juliette. — De même qu'au lever du rideau, la scène n'est éclairée que par les rayons de la lune.

## SCÈNE III

### JULIETTE, MARIE *.

MARIE, entrant.

C'est bien, Juliette, vous pouvez vous en retourner...

* Marie, Juliette.

JULIETTE.

Je vais allumer, madame!

MARIE.

C'est inutile; je désire rester ainsi quelques instants.

JULIETTE.

Mais, si madame avait besoin de quelque chose?...

MARIE, désignant une sonnette.

Cette sonnette, je m'en souviens, correspond chez Marianne, je réveillerais ma gardienne. Adieu, Juliette; allez!

JULIETTE.

Bonsoir, madame.

Elle sort. Peu après, on entend un bruit de voiture qui s'éloigne.

## SCÈNE IV

MARIE, seule, sur le balcon.

Quel profond silence!... et l'admirable nuit!... Ah! je me sens tout heureuse de me retrouver dans cette gentille retraite où ont sonné déjà pour moi tant d'heures douces et calmes! Chère solitude!... splendides horizons!... vous revoilà bien tels que je vous ai quittés! (Regardant au loin.) Rien n'est changé là-bas (se retournant); rien n'est changé ici... (Regardant vers la gauche.) Là était ma chambre; mon salon, le voilà; et, par les nuits pures et sereines, je demeurais longtemps sur ce balcon, le regard perdu dans les nuages, l'oreille ouverte à ces mille bruits mystérieux qui naissent du silence, enivrée de l'encens qui tombe des jasmins, et de l'âcre senteur qui monte de la mer!...

Marie semble plongée dans une douce rêverie. — En ce moment, la porte de gauche s'entr'ouvre et Henri paraît.

## SCÈNE V

HENRI, MARIE *.

Henri s'avance sans bruit vers Marie ; — celle-ci pousse un long soupir.

HENRI, avec amour, à part.

Chère âme ! ta pensée, où s'en va-t-elle? (Marie, alors, porte brusquement la main à ses yeux, comme si elle essuyait une larme. S'agenouillant et à voix basse.) Elle pleure !

A ces derniers mots prononcés par Henri, Marie s'est retournée précipitamment; — en apercevant le jeune homme, elle se dresse toute droite.

MARIE, après un cri d'effroi.

Ah !... vous, monsieur? vous ici?...

HENRI, se relevant.

Je suis chez moi.

MARIE.

Chez vous?... Allons... voyons!... pourquoi me dire cela?... Est-ce que je ne sais pas bien que cette maison est à madame de Tourny?

HENRI.

Elle lui appartenait il y a quelques jours à peine; mais, aujourd'hui, elle m'appartient.

MARIE, dont le trouble augmente peu à peu.

Elle vous appartient?... Ah! mais, alors, c'est infâme, ce que cette femme a fait là!...

HENRI.

Cette femme? qui donc?

MARIE.

Madame de Tourny.

* Henri, Marie.

HENRI.

Eh quoi!... c'est elle qui... ?

MARIE, amèrement.

Oh! vous le savez bien, monsieur!

HENRI, avec force.

Je ne sais rien du tout... mais rien, je vous le jure. . sur mon âme!... sur tout ce qu'il y a de sacré!... Mais enfin, que s'est-il passé ?...

MARIE, à moitié folle.

Ah! je ne sais plus, moi... J'ai demandé à madame de Tourny un abri... un asile... et elle m'a laissé venir ici, sachant que vous y étiez, voilà tout *... (A elle-même.) Ah! mon Dieu! mais dans quel monde suis-je donc tombée?

HENRI.

Dans quel monde?... Mais je ne suis pas de ce monde-là, entendez-vous bien!... Cette heure fortunée qu'une trahison me donne, je ne l'eusse point achetée par une trahison.

MARIE, s'éloignant d'Henri, qui s'est rapproché d'elle.

Oui... je vous crois!... (D'une voix qu'elle essaye de rendre calme.) Je sais que vous êtes incapable de dire même un mot que je ne devrais pas entendre...

HENRI.

Vous êtes bien émue!

MARIE **.

Oui... vous comprenez?... Il y a encore de l'orage dans l'air. D'abord, depuis quelque temps... j'ai souvent des étourdissements... et... en ce moment même...

Henri lâche sa main; Marie remonte vers la terrasse.

* Marie, Henri.
** Henri, Marie.

HENRI.

Pourquoi me fuyez-vous ?...

MARIE.

Moi ?... Par exemple !... (S'éloignant encore.) Attendez !... j'y songe !... ce qui nous arrive est peut-être le résultat d'un petit complot tramé par toutes ces dames. On aura voulu s'amuser à nos dépens... et on nous aura suivis !... Tenez !... il me semble que j'entends des rires étouffés sous ce balcon.

HENRI, qui s'est penché en dehors et dont les lèvres effleurent les cheveux de Marie.

Non, non... je n'entends rien que le murmure de la mer ; nous sommes seuls, bien seuls dans la nature, Marie !

MARIE, *frissonnant* *.

Monsieur !...

HENRI, assis sur le canapé près de la fenêtre et lui tenant toujours la main.

Oh ! Marie ! Marie !

MARIE, dont la terreur croissante se trahit dans sa voix.

Partons ! Venez !... (Avec prière.) Mon ami, mon frère ! venez ** !...

HENRI.

Oh ! pas encore ! pas encore !...

MARIE, qu'une sorte d'égarement gagne peu à peu.*

Il est tard... la route est longue !...

HENRI.

Je vous aime !

On sent, à partir de ce moment, que Marie épuise ses forces dans une lutte suprême.

MARIE.

Monsieur !...

* Marie, Henri.
** Henri, Marie.

HENRI, *avec des larmes.*

Mais regardez-moi donc... Mon amour est-il donc si mal écrit dans mes yeux que vous ne puissiez pas le lire?

MARIE, *après un mouvement.*

Mais je ne vous aime pas... d'amour!... L'amour ne s'explique pas... ne se commande pas... et... je... (*Avec un cri d'une expression étrange.*) Enfin!... vous savez bien que je ne suis pas libre!...

HENRI, *joyeux.*

Marie!

MARIE, *se débattant.*

C'est mal, ce que vous avez fait là!... oui, c'est mal!... Il me semble que, si j'étais homme, je n'agirais pas ainsi. C'est lâche, de tourmenter une femme *!... Laissez-moi!... laissez-moi!... Je finirais par vous haïr.

HENRI.

Pourquoi avez-vous jeté ma lettre?....

MARIE, *à moitié folle.*

Votre lettre?... quelle lettre?... Est-ce que je savais qu'il y eût une lettre dans ce bouquet?

HENRI.

Voulez-vous que je vous dise ce qu'il y avait dans cette lettre?

MARIE, *avec terreur.*

Non!...

HENRI.

Ah! vous l'avez lue!...

MARIE.

Non...

HENRI.

Vous m'aimez!...

* Marie, Henri.

MARIE.

Non!... non!...

HENRI, avec passion.

« J'ai lu dans ton âme, Marie! j'ai deviné ses orages aux éclairs qui parfois illuminaient tes yeux; et, sur ta lèvre frémissante, j'ai vu passer parfois le souffle embrasé de la jeunesse. »

MARIE, sanglotant.

Mon Dieu!... mon Dieu!...

HENRI.

Grâce! grâce! je t'aime!

MARIE, éperdue.

Vous me tuez!... c'est infâme!... Laissez-moi m'en aller... Laissez-moi partir!... Je penserai à vous, je vous le jure!... Nous nous reverrons!... (Le repoussant.) Puisque je vous dis que nous nous reverrons!

HENRI, la pressant dans ses bras.

Marie!...

MARIE, avec une sorte de rage.

Mais vous ne comprenez donc rien?... puisque je vous dis que j'appartiens à un autre et qu'il va revenir!

HENRI, avec un cri.

Ah! qu'il revienne donc; il ne nous trouvera plus! car nous allons fuir ensemble!

MARIE, reculant.

Fuir avec vous? Jamais!

HENRI.

Qu'espères-tu donc, alors?

MARIE.

J'espère que vous aurez pitié de moi et que vous me direz adieu! un adieu éternel!...

HENRI.

Un adieu éternel?... Mais tu sais bien que, sans toi, je ne pourrais plus vivre!... Pourrais-tu donc vivre sans moi?

MARIE.

Non, mais je saurais mourir!

HENRI.

Mourir!... Mais je ne veux pas que tu meures... je veux te forcer à vivre. Marie, nous partirons!

Il la prend dans ses bras.

MARIE, voulant se dégager de l'étreinte d'Henri.

Laissez-moi... au nom du ciel... laissez-moi!...

Pendant cette lutte d'un moment, la porte s'ouvre et une forme humaine apparait dans l'encadrement sombre.

## SCÈNE VI

HENRI, MARIE, DIANE.

DIANE, qui se soutient à peine.

Marie!

MARIE, avec un cri *.

Cette femme!

DIANE, faisant un pas.

N'ayez pas peur...

MARIE, reculant.

Ne me touchez pas!... ne me touchez pas! .. Ah!

Elle tombe inanimée sur la causeuse.

DIANE.

Mon Dieu!

HENRI.

Évanouie!...

Tous deux s'élancent vers elle.

* Henri, Marie, Diane.

DIANE, qui est arrivée la première.

Je vous défends de l'approcher!

HENRI.

Que dites-vous donc?... Et pourquoi êtes-vous ici?

DIANE.

Pour la sauver de vous qui vouliez la perdre.

HENRI.

Moi!... Osez-vous bien parler ainsi?... Mais qui de nous deux est le plus coupable?... qui donc l'a attirée dans ce piége?

DIANE, voulant lui imposer silence.

Monsieur!

HENRI, continuant.

Le cœur brisé par ses refus, j'allais partir; mais vous êtes venue, et votre instinct du mal vous a soufflé tout bas je ne sais quelle pensée funeste, et vous l'avez jetée dans mes bras.

DIANE.

Par pitié!

HENRI.

Et, maintenant que je renais à la vie, parce que je sais qu'elle m'aime, vous voudriez m'en séparer? Oh! il est trop tard!

DIANE.

Non, non, car, tant que je serai vivante, je veillerai sur elle! ma place est à ses côtés, et j'y reste.

HENRI.

Votre place est à ses côtés, dites-vous? Mais, madame, Marie n'est pas des vôtres.

DIANE.

Taisez-vous!

HENRI.

Car Marie, elle, est une brebis sans tache.

DIANE.

Taisez-vous donc!

HENRI.

Non, madame, votre place n'est pas près d'elle, car vous ne lui êtes rien, rien... Vous n'êtes, grâce à Dieu, ni sa sœur ni...

DIANE, bondissant.

Assez! je suis sa mère!

HENRI.

Marie, votre fille?

MARIE, qui s'est soulevée.

Ah!...

DIANE, se retournant précipitamment et apercevant Marie.

Marie!... Elle a entendu!... (Avec terreur.) Oh! comme elle me regarde!... (Se jetant à genoux devant le canapé.) Marie! mon enfant! Grâce!... grâce!... Ne me maudis pas! ne me maudis pas!...

MARIE.

Heureusement pour vous, madame, je ne sais pas maudire.

DIANE.

Oh! pitié! ne me parlez pas ainsi... mon enfant, ma fille!

MARIE.

Votre fille? Mais vous m'avez déjà trompée une fois, madame, Qui me dit que vous ne me trompez pas encore?

DIANE.

Oh! vous pourriez croire que c'est une comédie que je joue? Mais regardez-moi donc, Marie! Est-ce que ce ne sont pas de vraies larmes que j'ai là dans les yeux, larmes de désespoir, de repentir?

MARIE.

Qui que vous soyez, madame, je vous en prie!

DIANE.

Non, non, je ne me relèverai pas que tu n'aies jeté sur moi un regard de pitié. Écoute!... plus tard, tu sauras tout! et tu me jugeras... Si j'ai été coupable, j'ai été bien malheureuse aussi, va!... Ils t'ont volée à moi! ils m'avaient dit que tu étais morte!... et, de ce jour-là, mon cœur est mort!... Alors, j'ai voulu m'étourdir! j'ai voulu oublier! j'ai jeté ma vie au hasard! et le hasard a perdu ma vie!... mais, s'ils t'avaient laissée dans mes bras, je ne serais pas ce que je suis aujourd'hui... (Avec des sanglots.) Car tu aurais été mon égide, mon ange gardien, toi, mon enfant, ma fille!

MARIE.

Votre fille? Oh! non, non, ce n'est pas possible... et je ne vous crois pas. Elle n'est pas ma mère, la femme qui a pu me tendre ce piége infâme! elle n'est pas ma mère, la femme qui, en m'arrachant le fatal secret de mon amour, m'a mise dans la nécessité de choisir entre une tombe et un cloître; non, celle qui a fait cela n'est pas ma mère, et je ne veux pas la connaître.

DIANE.

Ah!

HENRI.

Qu'avez-vous, madame?

DIANE.

J'ai... que la prédiction s'est accomplie... à peu près du moins. Je devais mourir, dans un éclat de rire, disait-elle, et je meurs dans un sanglot.

MARIE.

Mourir!... Ah!

DIANE.

Mon Dieu! je vais donc la laisser seule, sans défense contre lui et contre son amour...

## SCÈNE VII

LES MÊMES, LE COMTE.

LE COMTE.

Elle ne sera pas seule, madame.

DIANE.

Mon mari !...

LE COMTE.

J'ai tout appris... (A Marie.) Pardonne à ta mère...

MARIE, s'élançant vers Diane.

Ah !

DIANE.

Ma fille !

Elle l'embrasse.

LE COMTE, à Henri.

Partez, monsieur, et, dans un an, vous pourrez revenir.

HENRI.

Quoi ! M. Bernier...?

LE COMTE.

M. Préault et moi, nous avons fait tout pour le ramener. Nous lui avons peint le triste abandon dans lequel il laissait cette malheureuse enfant. Il a tout raillé, son amour, notre dévouement. Alors, je n'ai plus été maître de mon indignation... Un mot s'est échappé de mes lèvres, son gant s'est échappé de sa main... et alors .

HENRI.

Eh bien ?

LE COMTE.

Madame Bernier est veuve.

DIANE, qui prêtait l'oreille.

Libre !... Ah !

Elle meurt.

MARIE, avec un cri.

Ah !...

FIN

Imprimerie L. TOINON et Cie, à Saint-Germain

www.ingramcontent.com/pod-product-compliance
Ingram Content Group UK Ltd.
Pitfield, Milton Keynes, MK11 3LW, UK
UKHW020309180726
13839UKWH00001B/415

9 782329 269191